Sekundarstufe

Friedhelm Heitmann

Einfach Wirtschaft

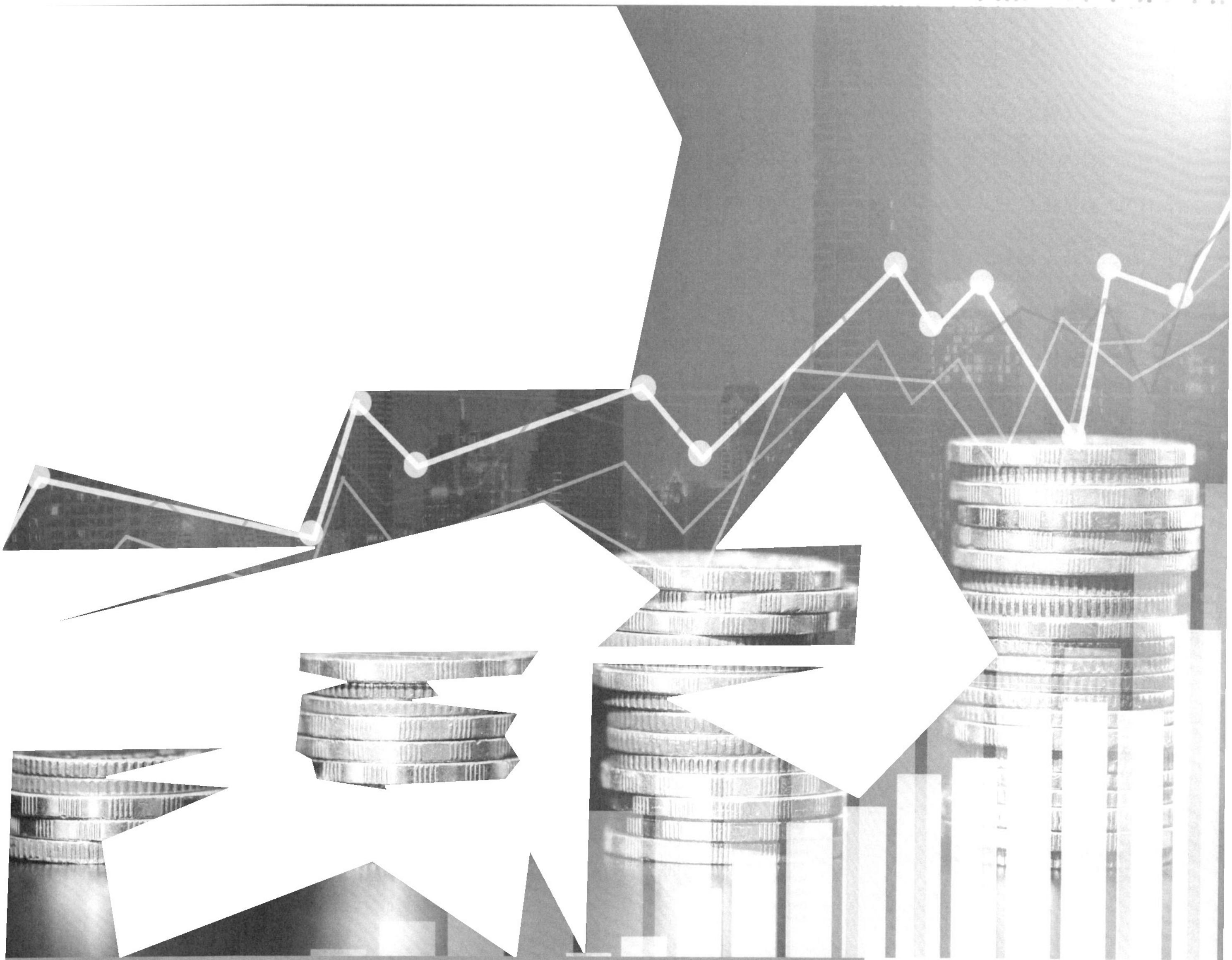

13

Elementares Wissen in einfacher Sprache leicht und verständlich erklärt

Einfach Wirtschaft

Elementares Wissen in einfacher Sprache leicht erklärt (Band 13)

3. Auflage 2025

Inhalt: Friedhelm Heitmann
Coverbild: © suriyapong & natrot – AdobeStock.com
Redaktion: Kohl-Verlag
Grafik & Satz: Kohl-Verlag
Druck: Druckerei Flock, Köln

Bestell-Nr. 12 952

ISBN: 978-3-98558-839-8

Bildquellen:

AdobeStock.com:
S.2: Africa Studio; S. 6-62: ronnarid; S. 6: Kakigori Studio, vectorpocket, nazlisart, Andreas Prott; S. 7: Trueffelpix, VctAn, Kamiya Ichiro; S. 8: Morkovka; S. 9: Daniel Jędzura; S. 10: Artofinnovationm; S. 12: Rudzhan, RealVector; S. 13: MINIWIDE; S. 14: MINIWIDE, narawit, Halfpoint; S. 15: MicroOne, alvincadiz; S. 16: vladwel; S. 17: Visual Generation; S. 18: nmann77; S. 19: Sergey Nivens; S. 20: benjaminnolte, Avanne Troar; S. 21: peterschreiber.media; S. 22: ag visuell, Dantok; S. 23: hobbitfoot; S. 24: Bro Vector, Frank; S. 25: Stockfotos-MG, blende11.photo; S. 27: yindee, idambeer; S. 28: flatvectors; S. 29: actioncam-chiemgau; S. 30: jokatoons; S. 32: Popova Olga; S. 33: Pixxsa; S. 34: strichfiguren; S. 35: Mattoff; S. 36: hideyuki suzuki; S. 37: Negro Elkha, richman21; S. 38: Siberian Art; S. 39: annaleish, ellisia, rubrafoto, anatoliy_gleb; S. 40: Siberian Art; S. 41: Silvio; S. 44: TeamDF, Tetiana, Pixel Embargo, joppo, Angel Simon, kir_prime, Cobalt; S. 45: Travel mania; S. 46: Calado; S. 48: CurvaBezier; S. 50: Good Studio; S. 51: VectorMine; S. 52: Cartoon Vector; S. 53: MclittleStock; S. 54: kanzilyou; S. 55: Thodoris Tibilisr; S. 57: kaboet, Robert Kneschke; S. 58: actioncam-chiemgau; S. 61: Stockgiu; S. 62: Good Studio; S. 63: Andreas Prott;

Clipart.com: S. 50   Wikipedia.de: S. 42; S. 43

Kontakt: Kohl-Verlag, An der Brennerei 37-45, 50170 Kerpen
Tel: +49 2275 331610, Mail: info@kohlverlag.de

Inhaltsverzeichnis

KOHL VERLAG Einfach Wirtschaft
Elementares Wissen in einfacher Sprache leicht erklärt (Band 13) – Bestell-Nr. 12 952

Inhaltsverzeichnis

Einfach Wirtschaft
Elementares Wissen in einfacher Sprache leicht erklärt (Band 13) – Bestell-Nr. 12 952
KOHL VERLAG

Vorwort

Liebe Kolleginnen, liebe Kollegen,

eine wesentliche Aufgabe der Schulen ist, die Heranwachsenden auf die Lebenswelt vorzubereiten. Dazu gehört auch die Vermittlung wirtschaftlicher Kenntnisse. Kritisiert wird in zunehmendem Maße, dass das Thema Wirtschaft in allgemeinbildenden Schulen immer noch nicht bzw. zu wenig behandelt wird. Die Folge ist: Zahlreichen Schülern mangelt es an grundlegenden wirtschaftlichen Kenntnissen sowie Verständnissen. Dies gilt es zu ändern, zu verbessern.

Von daher behandelt der vorliegende Band den umfangreichen Themenbereich Wirtschaft. Der Band bildet eine Einführung in den genannten Themenbereich. Zielsetzung ist, den Schülern elementare Kenntnisse sowie Erkenntnisse beizubringen. Im Band dargeboten werden vielfältige Informations- und Arbeitsmaterialien. Ganz bewusst sind die Texte für die Heranwachsenden allgemeinverständlich verfasst, zudem relativ kurz. Die Aufgabenstellungen zu den Texten sind abwechslungsreich.

Sollten Sie Fehler im Band feststellen, so sei an dieser Stelle für Hinweise darauf vorweg gedankt, ebenso für sonstige Verbesserungsvorschläge zum Werk. Möge der Band dazu beitragen, elementares wirtschaftliches Wissen den Adressaten zu vermitteln.

Viele Erfolge beim Einsatz der präsentierten Materialien im Unterricht wünschen der Kohl-Verlag und

Friedhelm Heitmann

1 Wirtschaft – worum geht es?

In der Wirtschaft geht es um die Bedürfnisse der Menschen. Welche Dinge brauchen die Menschen unbedingt? Welche weiteren Wünsche haben sie? Die Wirtschaft versorgt die Menschen mit Waren. Zu den Waren gehören z. B. Lebensmittel, Waschmaschinen, Fernsehgeräte … Man nennt Waren auch Güter oder Produkte.

Zudem benötigen die Menschen Dienstleistungen. Dienstleistungen sind Tätigkeiten. Zu den Dienstleistungen zählen u. a. Haare schneiden, die Heizung reparieren, Schüler unterrichten …

Insgesamt lässt sich sagen: Die Wirtschaft umfasst die Herstellung, das Anbieten, den Verkauf, den Kauf und die Nutzung von Waren sowie Dienstleistungen. In der heutigen Zeit nimmt dabei das Geld (= Kapital) eine sehr wichtige Rolle ein. Ohne Geld findet keine Wirtschaft statt.

Zum Nomen (= Hauptwort) *Wirtschaft* gibt es die beiden Verben (= Zeitwörter) *wirtschaften* und *bewirtschaften*. Das Adjektiv (= Eigenschaftswort) zu Wirtschaft heißt *wirtschaftlich*.

EA

Aufgabe: *Schreibe mindestens sechs möglichst eigene Sätze auf: Was hast du vom oberen Text verstanden?*

____

____

____

____

____

____

____

Einfach Wirtschaft
Elementares Wissen in einfacher Sprache leicht erklärt (Band 13) – Bestell-Nr. 12 952
KOHL VERLAG

2 Waren und Dienstleistungen

EA

Aufgabe 1: *Welche folgenden Dinge sind Waren (= materielle Güter), welche sind Dienstleistungen (= nicht materielle Güter)? Ordne die genannten Dinge in der anschließenden Tabelle richtig zu.*

Altenpflege – Bettzeug – Computer – Fahrrad – Fahrradreparatur – Gebäudereinigung – Haarschnitt – Kartoffeln – Krankentransport – Maschine – Motorboot – Müllabfuhr – Schuhe – Schulunterricht – Seife – Steuerberatung

Waren (= materielle Güter)	Dienstleistungen (= nicht materielle Güter)

EA

Aufgabe 2: *Trage in der Tabelle fünf weitere Waren und fünf weitere Dienstleistungen ein.*

Einfach Wirtschaft
Elementares Wissen in einfacher Sprache leicht erklärt (Band 13) – Bestell-Nr. 12 952

3 Wirtschaftsbereiche

In der Wirtschaft unterscheidet man grob verschiedene große Wirtschaftsbereiche. Das Fremdwort für große Wirtschaftsbereiche heißt Wirtschaftssektoren. Aus dem Lateinischen stammt das Wort Sektor: sector (lat.) = Kreisausschnitt

Die Landwirtschaft, die Forstwirtschaft, die Fischerei und der Bergbau bilden den **1. Wirtschaftssektor**. Im 1. Wirtschaftssektor werden Rohstoffe (z. B. Holz) und Bodenschätze (z. B. Steinkohle) gewonnen. Früher arbeiteten in Deutschland wie auch in anderen Ländern die meisten Menschen im 1. Wirtschaftssektor.

Zum **2. Wirtschaftssektor** gehören vor allem die Industrie, das Handwerk und das Baugewerbe. Es geht vor allem um die Herstellung von Waren (= Gütern, Produkten). Diesen Wirtschaftsbereich nennt man auch den industriellen Sektor.

Der **3. Wirtschaftssektor** umfasst sehr viele Dienstleistungen und heißt deshalb auch Dienstleistungssektor. Im 3. Wirtschaftssektor werden keine Waren hergestellt.

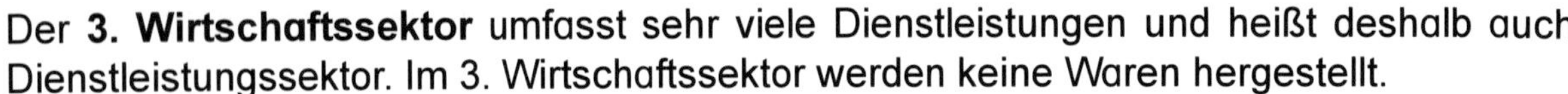

In der heutigen Zeit sind in Deutschland die allermeisten Personen im 3. Wirtschaftssektor tätig. Von den drei genannten Wirtschaftsbereichen ist in Deutschland der 1. Wirtschaftssektor der mit den wenigsten Beschäftigten.

Übrigens:

Das Fremdwort für den 1. Wirtschaftssektor heißt primärer Wirtschaftssektor, für den 2. Wirtschaftssektor sekundärer Wirtschaftssektor und für den 3. Wirtschaftssektor tertiärer Wirtschaftssektor. Auch die Wörter primär, sekundär und tertiär kommen ursprünglich aus der lateinischen Sprache.

EA **Aufgabe 1:** *Fragen und Antworten: Überlege dir und notiere 6 Fragen zum vorherigen Text auf einem Extrablatt. Gib diese Fragen dann einem Mitschüler. Dieser muss deine Fragen schriftlich beantworten. Vom Mitschüler bekommst du 6 Fragen. Du sollst diese Fragen ebenfalls schriftlich beantworten.*

EA **Aufgabe 2:** *In welchem jeweiligen Wirtschaftssektor arbeiten:*

a) Rechtsanwälte? ____________________

b) Viehzüchter? ____________________

c) Werkzeugmechaniker? ____________________

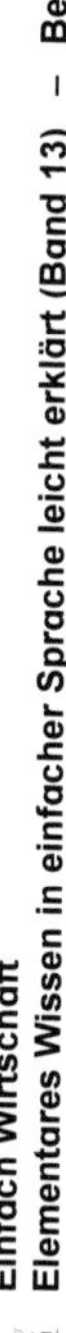
Einfach Wirtschaft
Elementares Wissen in einfacher Sprache leicht erklärt (Band 13) – Bestell-Nr. 12 952
KOHL VERLAG

4

Taschengeld

EA

Aufgabe: *Als Schüler(in) verdienst du noch kein eigenes Geld. Dafür bekommst du von deinen Eltern (jeden Monat oder jede Woche) Taschengeld.*

a) Wie viel Taschengeld bekommst du in welchem Zeitraum?

____

b) Wie wirtschaftest du mit deinem Taschengeld? Das heißt: Wofür gibst du das Taschengeld aus?

____

____

____

c) Sparst du Taschengeld? Wenn ja, wie viel Geld jeweils und wofür?

____

____

____

____

____

____

d) Hältst du die Höhe des Taschengeldes, das du bekommst, für ausreichend? Warum bzw. warum nicht?

____

____

____

____

e) Hast du Geldschulden? Wenn ja, wie viel Geld schuldest du welcher Person bzw. welchen Personen?

____

____

____

____

f) Ohne Taschengeld müsstest du jedesmal deine Eltern bitten, wenn du etwas möchtest. Überlege, warum Taschengeld sonst noch sinnvoll ist und was du dadurch lernst?

____

____

____

____

KOHL VERLAG
Einfach Wirtschaft
Elementares Wissen in einfacher Sprache leicht erklärt (Band 13) – Bestell-Nr. 12 952

5 Wirtschaften in der Familie

EA **Aufgabe 1:** *Zum Wirtschaften gehört, vernünftig mit Geld umzugehen. Wie viel Geld steht deiner Familie im Monat für Ausgaben zur Verfügung?*

≈ ____________________

EA **Aufgabe 2:** *Wofür gebt ihr etwa wie viel Geld im Monat aus?*

- Wohnung/Haus (einschließlich Nebenkosten): ≈ ____________________
- Lebensmittel/Ernährung: ≈ ____________________
- Körperpflege/Gesundheit: ≈ ____________________
- Kleidung: ≈ ____________________
- Freizeitaktivitäten: ≈ ____________________
- Verkehr (Fahrtkosten): ≈ ____________________
- Telefon, Smartphones, Internet: ≈ ____________________
- Rundfunk-/Fernsehgebühren: ≈ ____________________
- Zeitungen, Zeitschriften: ≈ ____________________
- Versicherungen: ≈ ____________________
- Taschengeld: ≈ ____________________
- ____________________: ≈ ____________________
- ____________________: ≈ ____________________

EA **Aufgabe 3:** *Spart deine Familie monatlich Geld für eine größere Sache? Wenn ja, etwa wie viel Geld und wofür?*

____

____

____

____

____

____

____

____

____

____

____

Einfach Wirtschaft
Elementares Wissen in einfacher Sprache leicht erklärt (Band 13) – Bestell-Nr. 12 952
KOHL VERLAG

6 Geld – 10 Fragen und 10 Antworten

EA

Aufgabe: *Ordne den folgenden 10 Fragen die anschließenden 10 Antworten richtig zu. Schreibe die richtige Antwort unter die jeweilige Frage.*

a) Wie erfolgte in früherer Zeit der Handel von Waren zwischen den Menschen?

____

____

b) Wann soll Geld als Münzen erfunden worden sein?

____

____

c) Was kann man mit Geld in der Wirtschaft erwerben?

____

____

d) Als was dient Geld in der heutigen Zeit?

____

____

e) Welche 2 Arten von Geld lassen sich unterscheiden?

____

____

f) In welchen 2 Formen kommt Bargeld vor?

____

____

g) Was ist Buchgeld?

____

____

h) Was lässt sich mit Bargeld und Buchgeld in Banken, Sparkassen … machen?

____

____

i) Wie ist das Geld unter den Menschen verteilt?

____

____

j) Was kann man allgemein über die Bedeutung des Geldes in der Welt sagen?

____

____

Die 10 Antworten in alphabetischer Reihenfolge:

- Bargeld kann in Buchgeld gewechselt werden und Buchgeld in Bargeld.
- Das Bargeld existiert als Banknoten (= Geldscheine) sowie als Münzen (= Geldmünzen).
- Die Menschen tauschten untereinander Waren gegen Waren.
- Es gibt Bargeld und auch Buchgeld.
- Geld ist ein übliches Zahlungsmittel, Tauschmittel und Mittel zur Aufbewahrung von Werten.
- Geld regiert die Welt!
- Manche Menschen (= Reiche) besitzen sehr viel Geld, zahlreiche andere Menschen (= Arme) sehr wenig Geld.
- Mit Geld lassen sich in der Wirtschaft Waren und Dienstleistungen erwerben.
- So nennt man Geld, das bei Banken, Sparkassen … als Wert niedergeschrieben ist.
- Zu lesen ist: Geld als Münzen (bestehend aus Metall) wurde im 7. Jahrhundert v. Chr. in Vorderasien erfunden.

Einfach Wirtschaft
Elementares Wissen in einfacher Sprache leicht erklärt (Band 13) – Bestell-Nr. 12 952

7 Währungen

Mit dem Begriff Währung ist das jeweils anerkannte Zahlungsmittel als Geldeinheit von Staaten gemeint. Das Wort *Währung* steht für die Gewährleistung (= Garantie) des Wertes von Geld.

Weltweit gibt es derzeit mehr als 160 offizielle Währungen. In den USA heißt die Währung *US-Dollar*, in Großbritannien *Pfund*, in der Schweiz *Schweizer Franken*, in Japan *Yen*, in Brasilien *Real* ... Seit dem Jahr 2002 existiert in Deutschland wie auch in so manchen anderen Ländern der Europäischen Union (EU) die Währung *Euro* mit der Untereinheit *Cent*. Vorher bestand in Deutschland die Währung *Deutsche Mark* (DM) mit der Untereinheit *Pfennig*.

Das Austauschverhältnis zwischen zwei verschiedenen Währungen nennt man Wechselkurs. Der Wechselkurs zeigt jeweils den derzeitigen Wert der zwei Währungen an. Der Wechselkurs sagt aus: Welcher Preis ist beim Kauf von Geld in der anderen Währung (z. B. US-Dollar) zu bezahlen? Abhängig von der jeweiligen wirtschaftlichen Lage in den betreffenden Ländern ändert sich der Wechselkurs häufig.

EA **Aufgabe:** *Schreibe in eigenen Sätzen auf. Das merke ich mir zum Thema Währungen:*

KOHL VERLAG Einfach Wirtschaft
Elementares Wissen in einfacher Sprache leicht erklärt (Band 13) – Bestell-Nr. 12 952

8 Märkte

Märkte heißt die Mehrzahl von Markt. Beim Wort Markt denken viele Leute möglicherweise zuerst an Wochenmärkte, Jahrmärkte oder Flohmärkte. Doch in der Wirtschaft versteht man unter Markt weitaus mehr. Überall, wo Anbieter und Nachfrager zusammentreffen, wird in der Wirtschaft von Markt gesprochen. Auf Märkten wird verkauft und gekauft. Einmal mehr lässt sich ebenfalls das Wort Markt aus der lateinischen Sprache herleiten:

mercatus (lat.) = Handel, Markt

- Als Verkäufermarkt wird bezeichnet: Die Nachfrage ist größer als das Angebot.

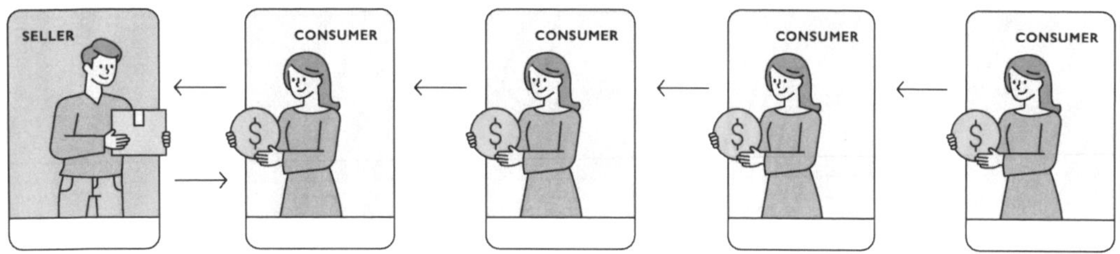

- Demgegenüber wird Käufermarkt genannt: Die Nachfrage ist kleiner als das Angebot.

- Der Begriff Marktgleichgewicht bedeutet: Das Angebot und die Nachfrage sind in etwa gleich groß.

seller (engl.)
= Verkäufer

consumer (engl.)
= Verbraucher, Käufer

Heutzutage finden Märkte nicht allein jeweils vor Ort, sondern oft z. B. im Internet statt. Unterschieden werden verschiedene Arten von Märkten wie Warenmarkt, Wohnungsmarkt, Arbeitsmarkt, Geldmarkt, Dienstleistungsmarkt …

EA

Aufgabe: *Das habe ich vom vorherigen Text verstanden:*

____

____

____

____

____

____

KOHL VERLAG Einfach Wirtschaft Elementares Wissen in einfacher Sprache leicht erklärt (Band 13) – Bestell-Nr. 12 952

9 Preise

Waren und Dienstleistungen kosten dem Verbraucher/Nutzer Geld. Unter dem Begriff *Preise* versteht man in erster Linie den Geldwert von Waren. In der Marktwirtschaft wird davon ausgegangen: Angebot und Nachfrage hängen voneinander ab, beeinflussen sich gegenseitig und regeln den Preis.

Angebot meint die jeweilige Menge einer Ware, die zum Verkauf zur Verfügung steht.

Nachfrage bezieht sich auf die Menge der Kunden, die die jeweilige Ware kaufen möchten.

EA

Aufgabe 1: *Setze anschließend das jeweils richtige Wort ein, nämlich **sinkt** oder **steigt**.*

a) Bei einem geringen Angebot ____________ der Preis.

b) Bei einem großen Angebot ____________ der Preis.

c) Bei einer geringen Nachfrage ____________ der Preis.

d) Bei einer großen Nachfrage ____________ der Preis.

EA

Aufgabe 2: *Setze anschließend das jeweils richtige Wort ein, nämlich **senken** oder **erhöhen**.*

a) Bei einem größeren Angebot als die Nachfrage ____________ die Anbieter (= Verkäufer) gewöhnlich den Preis der Ware.

b) Bei einem kleineren Angebot als die Nachfrage ____________ die Anbieter (= Verkäufer) gewöhnlich den Preis der Ware.

Übrigens:

In der Bundesrepublik Deutschland sind Preisabsprachen zwischen den Anbietern (= Verkäufern) verboten.

10 Wertverluste und Wertsteigerungen des Geldes

Der Wert von Geld bleibt in der Wirtschaft gewöhnlich nicht gleich.

In den allermeisten Fällen verliert das Geld mit der Zeit an Wert. Grund dafür ist: Die Preise steigen. Diese Entwicklung nennt man Inflation. Auch das Fremdwort *Inflation* hat seinen Ursprung in der lateinischen Sprache. Übersetzt in die deutsche Sprache heißt Inflation so viel wie das Aufblähen (= das Aufblasen, das Anschwellen).

Verbraucher (= Käufer) merken die langsam verlaufende (= „schleichende") Inflation meistens kaum. Aber jede rasche (= schnelle) Inflation bemerkt man eindeutig. Innerhalb kurzer oder gar sehr kurzer Zeit werden nämlich ganz viele Dinge erheblich teurer. Die Inflationsrate gibt in Prozent (z. B. 4 %) an: Um so viel Prozent sind bestimmte Dinge (in einem Warenkorb) durchschnittlich teurer geworden.

Von einer Deflation (= Wertsteigerung des Geldes) spricht man dann: Die Preise zahlreicher Dinge gehen für einen längeren Zeitraum zurück.

Wortherkunft: *de* (lat.) = weg, herab;
flare (lat.) = blasen, wehen

Eine Deflation gibt es jedoch – im Vergleich zu einer Inflation – selten.

EA **Aufgabe 1**: *Kreuze an: Welche folgenden Aussagen sind richtig, welche sind falsch?*

		Richtig	Falsch
a)	Der Wert von Geld bleibt immer gleich.		
b)	Den Anstieg von Preisen nennt man Inflation.		
c)	Das Fremdwort Inflation stammt aus dem Lateinischen.		
d)	Eine langsam verlaufende Inflation nennt man auch „kriechende Inflation".		
e)	Die Käufer spüren eine langsam verlaufende Inflation gar nicht.		
f)	Eine rasche Inflation merkt man schnell.		
g)	Die Inflationsrate wird angegeben in Prozent.		
h)	Das Gegenteil zu einer Inflation ist eine Deflation.		
i)	Bei einer Deflation sinken die Preise weniger Dinge kurzfristig.		
j)	Eine Deflation findet etwa so oft statt wie eine Inflation.		

EA **Aufgabe 2**: *Verbessere nun schriftlich die falschen Aussagen.*

Einfach Wirtschaft
Elementares Wissen in einfacher Sprache leicht erklärt (Band 13) – Bestell-Nr. 12 952
KOHL VERLAG

11 Zinsen (Blatt 1)

Kunden können Banken/Sparkassen Geld leihen oder von ihnen geliehen bekommen. Wer bei einer Bank/Sparkasse für gewisse Zeit Geld einzahlt (= dieser Geld leiht), erhält dafür schließlich Zinsen. Wem eine Bank bzw. Sparkasse für gewisse Zeit Geld leiht, muss dafür schließlich Zinsen bezahlen. Ebenfalls ist der Ursprung des Wortes Zinsen die lateinische Sprache: census (lat.) = Abgabe, Vermögen, Besitz

Zinsen sind eine Vergütung (= Belohnung) für verliehenes Geld. Abhängig ist die Höhe der Zinsen (Z) von der Höhe des Kapitals (K = Geldmenge), von dem Zinssatz (p) in Prozent sowie von der Zeitdauer (= Laufzeit). Wem Geld geliehen wird, muss am Ende der Laufzeit die jeweils verliehene Geldmenge (K) zurückzahlen und außerdem noch die Zinsen (Z) zahlen.

Die Höhe der Zinsen berechnet man:

- nach der Jahres-Zinsformel: $Z = \frac{K \cdot p \cdot j}{100}$ (j = Anzahl der Jahre)
- nach der Monats-Zinsformel: $Z = \frac{K \cdot p \cdot m}{100 \cdot 12}$ (m = Anzahl der Monate)
- oder nach der Tages-Zinsformel: $Z = \frac{K \cdot p \cdot t}{100 \cdot 360}$ (t = Anzahl der Tage)

In Deutschland zählt in der Zinsrechnung jeder Monat als 30 Tage, das ganze Jahr als 360 Tage (30 • 12 = 360).

Bedenke: Wer sich bei einer Bank Geld leiht, für den ist der Zinssatz erheblich höher als für den, der bei einer Bank Geld einzahlt (= der Bank Geld leiht). Auf diese Weise verdienen Banken Geld.

EA

Aufgabe 1: *Schreibe die fehlenden Angaben dazu.*

a) Das können Kunden bei den Banken/Sparkassen:

____

b) Wer einer Bank/Sparkasse Geld leiht, bekommt dafür: __________

c) Wer bei einer Bank Geld leiht, muss dafür: __________

d) Das Wort Zinsen stammt aus der: __________

e) Das sind Zinsen: __________

f) Die Zinsen hängen ab von: __________

g) Dafür stehen die Abkürzungen Z, K, p und J:

____

h) Die Jahres-Zinsformel heißt: __________

i) Die Abkürzungen M und T bedeuten: __________

j) Die Monats-Zinsformel lautet: __________

k) Die Tages-Zinsformel ist: __________

l) In Deutschland hat in der Zinsrechnung jeder Monat: __________

m) In Deutschland hat in der Zinsrechnung jedes Jahr: __________

n) Für den, der sich Geld bei einer Bank leiht, ist der Zinssatz höher als für den:

____

Einfach Wirtschaft
Elementares Wissen in einfacher Sprache leicht erklärt (Band 13) – Bestell-Nr. 12 952
KOHL VERLAG

Zinsen

(Blatt 2)

EA

Aufgabe 2: *Du leihst einer Bank 5000 Euro für 1 Jahr.*

a) Wie viele Zinsen erhältst du von der Bank nach 1 Jahr bei einem Zinssatz von 1,5 %?

b) Wie viel Geld bekommst du von der Bank insgesamt nach 1 Jahr?

EA

Aufgabe 3: *Du leihst dir bei einer Bank 8000 Euro für 1 Jahr.*

a) Wie viele Zinsen musst du der Bank bei einem Zinssatz von 7,5 % nach 1 Jahr zahlen?

b) Wie viel Geld musst du der Bank insgesamt nach 1 Jahr zahlen?

EA

Aufgabe 4: *Besorge dir aktuelle Informationen bei einer Bank/Sparkasse und schreibe die Informationen auf.*

a) Welchen Zinssatz bietet die Bank/Sparkasse für das Anlegen von 5000 Euro bei einer Laufzeit von 1 Jahr?

b) Welchen Zinssatz verlangt die Bank/Sparkasse für das Verleihen (= Kredit) von 5000 Euro bei einer Laufzeit von1 Jahr?

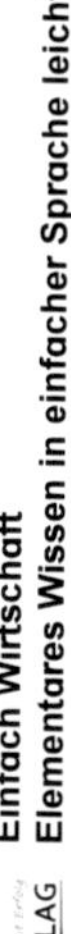

Einfach Wirtschaft
Elementares Wissen in einfacher Sprache leicht erklärt (Band 13) – Bestell-Nr. 12 952
KOHL VERLAG

12 Leitzins

In der Geldwirtschaft spricht man u. a. vom Leitzins. Zentralbanken von Staaten legen den Leitzins fest. In den Ländern mit der Währung Euro (= Eurozone) tut dies die **E**uropäische **Z**entral**b**ank (EZB). Die Europäische Zentralbank besteht seit dem Jahr 1998. Sie hat ihren Sitz in der deutschen Stadt Frankfurt/Main.

Der Leitzins gibt den Zinssatz der Zinsen an. Am Leitzins bzw. Leitzinssatz der Europäischen Zentralbank orientieren sich die weiteren Banken, Sparkassen ... innerhalb der Eurozone. Mit Hilfe des Leitzinssatzes – z. B. 2 % – versucht die Europäischen Zentralbank, die wirtschaftliche Lage zu beeinflussen, mit anderen Worten die wirtschaftliche Entwicklung zu gestalten.

Per Senkung des Leitzinssatzes beabsichtigt die Europäische Zentralbank, die Wirtschaft anzukurbeln. Dadurch sollen Unternehmen und Verbraucher bewegt werden, sich noch mehr Geld zu leihen und mehr Geld für Käufe auszugeben.

Durch die Erhöhung des Leitzinssatzes ist die Europäische Zentralbank bestrebt, vor allem die zunehmende Inflation (= Geldentwertung) zu bekämpfen.

Die Vergangenheit hat gezeigt: Die Zielsetzungen durch Veränderungen des Leitzins zu erreichen, waren bisher insgesamt gesehen wenig erfolgreich. Denn die gesamtwirtschaftliche Entwicklung ist ein zu komplizierter Vorgang, der von sehr vielen Dingen abhängt.

EA **Aufgabe:** *Fasse den Inhalt des vorherigen Textes in eigenen Sätzen zusammen.*

____

____

____

____

____

____

____

13 Guthaben und Schulden

Aufgabe: **a)** *Verbinde jeweils per Linie und gib rechts durch Eintragen derselben Nummer an: Welcher Satzanfang und welches Satzende gehören zusammen?*

Nr.	Satzanfänge
1	In der Geldwirtschaft stehen Guthaben
2	Guthaben ist das Gegenteil von
3	Ein positiver Kontostand (= Guthaben) bei einer
4	Einen negativen Kontostand (= Schulden) bei einer
5	Die einen Kunden haben bei Geldinstituten
6	Etliche Heranwachsende im Alter ab 18
7	Das heißt mit anderen Worten, diese
8	Manchen gelingt es, die
9	Wer hohe Schulden hat, sollte sich
10	Schulden haben nicht nur Privatpersonen,

Nr.	Satzenden
	Guthaben, andere Kunden haben Schulden.
	Bank oder Sparkasse heißt auch Haben.
	an eine Schuldnerberatungsstelle wenden.
	Schulden und umgekehrt.
	Schulden zu bezahlen, anderen aber nicht.
	sondern auch Unternehmen und Staaten (= Länder).
	und Schulden zueinander im Gegensatz.
	Jahren machen Schulden.
	Bank oder Sparkasse nennt man Soll.
	Heranwachsenden haben Verpflichtungen zur Zahlung von Geld.

b) *Schreibe jetzt die 10 vollständigen Sätze in der genannten Reihenfolge auf.*

Einfach Wirtschaft
Elementares Wissen in einfacher Sprache leicht erklärt (Band 13) – Bestell-Nr. 12 952

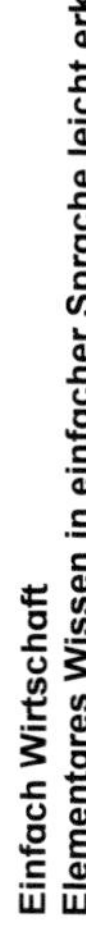

14 Girokonto

Kunden verfügen bei Geldinstituten (Banken, Sparkassen ...) gewöhnlich über ein Girokonto. Das Wort Giro lässt sich aus der griechischen und lateinischen Sprache herleiten:

gyros (grie.) = rund; *gyrare* (lat.) = im Kreis herumdrehen; *gyrus* (lat.) = Kreis(lauf)

Per Girokonto kann man den Zahlungsverkehr abwickeln. Das Girokonto ermöglicht:

- Geld einzuzahlen;
- Geld abzuheben;
- per Karte zu bezahlen;
- Geld zu überweisen;
- Lastschriften einzureichen

Daher nennt man das Girokonto auch Zahlungskonto.

Auf den Auszügen des Girokontos lässt sich der jeweilige Kontostand genau ersehen. Für das Führen eines Girokontos verlangen die meisten Geldinstitute Gebühren. Der Kunde bekommt für Guthaben auf dem Girokonto in der Regel keine Zinsen. Die Kunden sollten darauf achten, dass der Kontostand auf dem Girokonto nicht in das Minus (= Schulden) gerät. Denn wenn der Kunde auch nur für (sehr) kurze Zeit sein Girokonto überzieht, muss er dafür später Zinsen zahlen.

EA

Aufgabe 1:

a) *Wozu dient ein Girokonto?* ______________________________

____

b) *Wie nennt man das Girokonto sonst noch?* ______________________________

c) *Was verlangen die meisten Geldinstitute für das Führen eines Girokontos?*

____

d) *Worauf sollten Kunden, bezogen auf den Kontostand ihres Girokontos, achten?*

____

EA

Aufgabe 2: *Du siehst hier einen Kontoauszug. Berechne die fehlenden Zahlungsangaben und trage sie in die Tabelle ein.*

Alter Kontostand €	Buchungen €	Neuer Kontostand €
531,15	- 63,48	467,67
467,67	- 130,62	
		1130,76
	- 30,59	
1100,17		885,03
	+ 250,00	
		635,04
635,04	- 52,10	
		512,02
		1305,73

15 Alles über Aktien

EA

Aufgabe 1: *Ordne diese 10 Begriffe den anschließenden kurzen Beschreibungen richtig zu:*

Kurse – Dividenden – Depots – Bulle – Broker – Börsen – Bär – Aktionäre – Aktienindex – Aktien

a)		= Wertpapiere, mit denen Anteile an Unternehmen erworben werden;
b)		= Gebäude, in denen mit Aktien gehandelt wird;
c)		= Besitzer von Aktien;
d)		= Werte (Preise) der Aktien;
e)		= (digitale) Aufbewahrungsorte für Aktien und andere Wertpapiere;
f)		= Anteile der Unternehmensgewinne, die die Aktionäre bekommen;
g)		= Anzeiger der Entwicklung bedeutender Aktien (z. B. DAX);
h)		= Börsenmakler (= Börsenhändler);
i)		= Tiersymbol für anhaltend fallende Kurse;
j)		= Tiersymbol für anhaltend steigende Kurse

Der Kauf von Aktien ist mit Chancen, aber auch mit Risiken verbunden. Der Kurs von Aktien kann steigen. Möglich ist aber auch, dass der Kurs von Aktien fällt. Steigt der Kurs, bedeutet dies einen finanziellen Gewinn. Fällt jedoch der Kurs, ist dies ein finanzieller Verlust. Im schlimmsten Fall kann man sein gesamtes eingesetztes Geld verlieren.

Allgemein sagt man: Auf lange Sicht gesehen (10 Jahre und mehr) seien Aktien eine empfehlenswerte Geldanlage. Sehr wichtig beim Erwerb von Aktien ist es:

- Aktien von bereits länger erfolgreichen Unternehmen auszuwählen, die zu den Marktführern in ihren Wirtschaftsbereichen zählen;
- für den Kauf von Aktien Geld zu nehmen, das man derzeit nicht benötigt;
- Aktien von verschiedenen Unternehmen in unterschiedlichen Wirtschaftszweigen zu erwerben (= breite Aktienstreuung), z. B. in Form von sogenannten Aktienfonds; eine breite Aktienstreuung verringert das Verlustrisiko.

Bedenke: Letztlich geht es darum, Aktien zu einem möglichst niedrigen Kurs (= preiswert) zu kaufen und (irgendwann) später zu einem möglichst hohen Kurs (= teuer) zu verkaufen.

EA

Aufgabe 2: *Welche weiteren vernünftigen Aktientipps gibt es noch? Informiere dich im Internet. Notiere erhaltene Informationen.*

____

____

____

____

KOHL VERLAG
Einfach Wirtschaft
Elementares Wissen in einfacher Sprache leicht erklärt (Band 13) – Bestell-Nr. 12 952

16 Unternehmen

EA

Aufgabe: *Setze in den anschließenden 10 Sätzen passende Verben (= Tätigkeitswörter) ein. Wenn du gar nicht weiter weißt, schaue ganz unten auf der Seite nach.*

a) Unter einem Unternehmen ____________________ man in der Wirtschaft eine selbstständig tätige Organisation.

b) Durch den Verkauf von Waren und/oder Dienstleistungen versuchen private Unternehmen in der Regel, möglichst viel Geld zu ____________________.

c) Unterteilt nach der Größe ____________________ es kleine Unternehmen (bis 9 Beschäftigte), mittlere Unternehmen (10-499 Beschäftigte) sowie große Unternehmen (ab 500 Beschäftigte).

d) Die Besitzer von Unternehmen ____________________ Unternehmer.

e) Unternehmen können aus einem oder mehreren Betrieben ____________________.

f) Der Begriff Betrieb ____________________ eine Stelle (z. B. eine Fabrik), wo für das jeweilige Unternehmen gearbeitet wird.

g) In der Umgangssprache wird für ein Unternehmen häufig auch das Wort Firma ____________________.

h) Dies ____________________ im Wirtschaftsrecht aber nicht.

i) Die Bezeichnung Firma ____________________ nämlich nur für den Namen des jeweiligen Unternehmens.

j) Mehrere zusammengeschlossene Unternehmen werden in der Wirtschaft als ein Konzern ____________________.

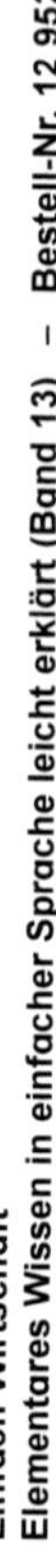

Lösungshilfe: 10 einsetzbare Verben in alphabetischer Reihenfolge
bestehen – bezeichnet – gebraucht – gibt – gilt –
heißen – meint – stimmt – verdienen – versteht

17 Ich als Unternehmer

Unternehmer sollten vor allem Kenntnisse und Fähigkeiten haben wie:

- (sehr) gute wirtschaftliche Kenntnisse;
- Unternehmergeist (Mut ...);
- Arbeitsenergie;
- Führungsqualitäten;
- Verantwortungsbewusstsein;
- ...

EA

Aufgabe:

a) *Möchtest du später gern ein Unternehmer werden? Wenn ja, warum? Wenn nein, warum nicht?*

____

____

b) *Möchtest du das Unternehmen allein führen oder zusammen mit einem bzw. sogar mehreren Partnern?*

____

____

c) *In welchem wirtschaftlichen Bereich würdest du gern ein Unternehmen besitzen bzw. daran beteiligt sein?*

____

____

d) *Möchtest du ein Unternehmen übernehmen oder selbst gründen?*

____

____

e) *Was bietet das Unternehmen an? Welche Geschäftsidee(n) hast du?*

____

____

f) *Überlege dir einen Namen für das Unternehmen und notiere ihn.*

____

____

g) *Denke dir ein Logo (= Firmenzeichen) für das Unternehmen aus und zeichne es.*

____

____

h) *Welche weiteren Vorstellungen hast du bezogen auf das Unternehmen?*

____

____

Einfach Wirtschaft
Elementares Wissen in einfacher Sprache leicht erklärt (Band 13) – Bestell-Nr. 12 952

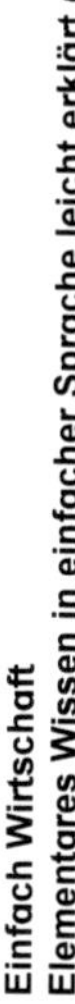

18 Gewinn und Verlust

EA

Aufgabe 1: *Setze die folgenden 8 Wörter in den anschließenden 8 Sätzen an der jeweils richtigen Stelle ein:*

Ausgaben – Begriffe – Einnahmen – Gewinn – Kosten – Niederlage – Umsatz – Verlust

a) Man spricht z. B. im Fußballsport von Sieg und ____________________.

b) Entsprechend gibt es in der Wirtschaft dafür die beiden ____________________ Gewinn und Verlust.

c) In der Wirtschaft ist ein finanzieller ____________________ bei Unternehmen in folgendem Fall gegeben:

d) Der Umsatz (bezogen meistens auf 1 Jahr) ist höher als die ____________________.

e) Der Begriff Umsatz bezeichnet die (finanziellen) ____________________ durch Verkäufe.

f) Kosten ist die wirtschaftliche Bezeichnung für die (finanziellen) ____________________.

g) Angenommen die Kosten sind höher als der ____________________:

h) Dies ist dann ein (finanzieller) ____________________.

EA

Aufgabe 2: **a)** *In welcher Höhe ergibt sich ein Gewinn bei einem Umsatz von 80 000 Euro und Kosten von 50 000 Euro?* ____________________

b) *In welcher Höhe ergibt sich ein Verlust bei einem Umsatz von 57 500 Euro und Kosten von 65 000 Euro?* ____________________

KOHL VERLAG Einfach Wirtschaft
Elementares Wissen in einfacher Sprache leicht erklärt (Band 13) – Bestell-Nr. 12 952

19 Einkommen

EA

Aufgabe: *In den folgenden 10 Sätzen fehlt jeweils ein Verb (= Tätigkeitswort). Setze passende Verben ein. Wenn du gar nicht weiter weißt, schaue ganz unten auf der Seite nach.*

a) Einkommen ____________________ der Oberbegriff für Geld und Sachgüter, die Personen oder Unternehmen erhalten.

b) Was Erwerbstätige durch unselbstständige Arbeit (als Arbeitnehmer) an Geld erhalten, wird als Arbeitseinkommen oder Arbeitsverlust ____________________.

c) Den Verdienst von Arbeitern ____________________ man Lohn, den Verdienst von Angestellten und Beamten Gehalt.

d) Zu ____________________ gilt es zwischen dem Bruttoverdienst und dem Nettoverdienst.

e) Der Bruttoverdienst ____________________ der Verdienst ohne Abzüge.

f) Als Nettoverdienst ____________________ der Verdienst mit Abzügen, d. h. was dem Erwerbstätigen jeweils tatsächlich ausgezahlt wird.

g) Vom Bruttoverdienst werden Steuern sowie Beiträge zu Pflichtversicherungen ____________________.

h) Für das Einkommen von Unternehmern/Unternehmen wird der Begriff Gewinneinkommen ____________________.

i) Auch durch Vermögen ____________________ es Gewinneinkommen.

j) Zum Einkommen durch Vermögen ____________________ Einnahmen aus Kapitalvermögen wie z. B. Zinsen aus Vermietungen, aus Verpachtungen …

Lösungshilfe: Einsetzbare Verben in alphabetischer Reihenfolge
abgezogen – bezeichnet – gebraucht – gibt – gilt –
heißt – ist – nennt – unterscheiden – zählen

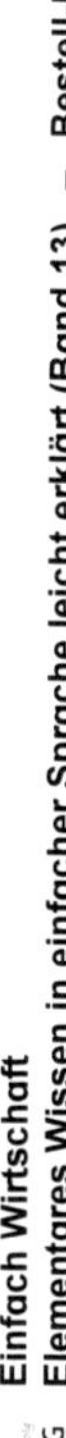

Steuern (I)

Die einzelnen Bürger und Unternehmen haben Steuern (= finanzielle Abgaben) zu zahlen. Das Steuergeld geht in Deutschland an den Staat („Bund"), Bundesländer und Gemeinden. Zuständig für die Einnahme von Steuern sind vor allem die Finanzämter. Das meiste Geld nimmt die Bundesrepublik Deutschland durch Steuern ein.

In Deutschland gibt es ungefähr 40 verschiedene Arten von Steuern. Man kann diese Steuern unterteilen in direkte Steuern und indirekte Steuern.

Direkte Steuern werden von den Bürgern und Unternehmen unmittelbar an die Steuerbehörden (= Finanzämter) gezahlt. Zu den direkten Steuerarten zählen z. B. die Einkommensteuer, die Grundsteuer, die Kraftfahrzeugsteuer, die Erbschaftssteuer ...

Indirekte Steuern gelangen nicht direkt, sondern über Zwischenstationen (z. B. Einkaufsgeschäfte) an die Steuerbehörden. Beispiele für indirekte Steuern sind die Mehrwertsteuer (auch Umsatzsteuer genannt), die Mineralölsteuer, die Tabaksteuer, die Kaffeesteuer ... Die indirekten Steuern sind bereits im Preis enthalten, den die Käufer bezahlen.

EA

Aufgabe: *Ergänze die Aussagen.*

a) Sie müssen Steuern bezahlen:

____

b) In Deutschland geht das Steuergeld an:

____

c) Zuständig für die Einnahme von Steuern sind insbesondere:

____

d) Etwa so viele Arten von Steuern kommen in Deutschland vor:

____

e) Die Steuern lassen sich unterteilen in diese beiden Bereiche:

____

f) Zu den direkten Steuern gehören u. a.:

____

____

g) Diese sind z. B. indirekte Steuern:

____

____

h) Die Mehrwertsteuer nennt man auch:

____

i) Darin sind indirekte Steuern schon enthalten:

____

j) Dadurch nimmt die Bundesrepublik Deutschland das meiste Geld ein:

____

KOHL VERLAG Einfach Wirtschaft
Elementares Wissen in einfacher Sprache leicht erklärt (Band 13) – Bestell-Nr. 12 952

21

Steuern (II)

Die Einkommensteuer, wozu auch die Lohnsteuer zählt, bezieht sich darauf: Wie viel Geld hat der Steuerpflichtige im jeweiligen Jahr verdient?

Grundsätzlich gilt: Je mehr der Steuerpflichtige an Geld verdient hat, desto höhere Einkommensteuer muss er zahlen. In Deutschland haben erwerbstätige Mitglieder einer evangelischen Kirche, einer katholischen Kirche bzw. einer jüdischen Gemeinde Kirchensteuer zu bezahlen. Das Geld der Kirchensteuer erhalten die genannten kirchlichen Einrichtungen.

Wer Steuern nicht bezahlt (mit anderen Worten: Steuern hinterzieht), begeht eine Straftat. Wird die Straftat entdeckt, muss der Straftäter mit einer Strafe rechnen.

Mit dem durch Steuern erhaltenen Geld finanzieren die Bundesrepublik Deutschland, die Bundesländer, die Gemeinden und die jeweiligen kirchlichen Einrichtungen vor allem Aufgaben, die dem Gemeinwohl der Menschen dienen. Das Geld wird z. B. verwendet:

- für den Bau und die Unterhaltung von Schulen, Krankenhäusern, Altersheimen, Sportanlagen;
- für den Ausbau und Reparaturen des Verkehrsnetzes;
- für die Unterstützung bedürftiger Menschen;
- für wissenschaftliche Forschungen;
- für die Bezahlung von Beschäftigten im Staatsdienst (Lehrer, Polizisten, politische Abgeordnete ...);
- ...

EA

Aufgabe: *Was kannst du nun zum Thema Steuern sagen? Schreibe 10 selbst formulierte Sätze auf.*

___

___

___

___

___

___

___

___

___

___

KOHL VERLAG Einfach Wirtschaft
Elementares Wissen in einfacher Sprache leicht erklärt (Band 13) – Bestell-Nr. 12 952

22 Versicherungen

EA

Aufgabe: *In den nachfolgenden 10 Sätzen fehlt jeweils das erste Wort. Setze diese 10 Wörter in den Sätzen an der jeweils richtigen Stelle ein:*

Autobesitzer – Die – Durch – Es – In – Sehr – Sinnvoll – Unterscheiden – Wer – Zu

a) ____________________ Versicherungen wird das Leben der Menschen zwar nicht sicherer, auch schützen die Versicherungen z. B. nicht vor Unglücksfällen.

b) ____________________ bestimmten Schadensfällen bekommen die Versicherten (= Versicherungsnehmer) jedoch Geld als Ausgleich von den Versicherungsunternehmen.

c) ____________________ mit einem Versicherungsunternehmen einen Versicherungsvertrag abschließt, muss anschließend selbst Beiträge (= Versicherungsprämien) für die Versicherung zahlen.

d) ____________________ bedenken gilt es: Versicherungsunternehmen wollen durch Versicherungen selbst Geld verdienen.

e) ____________________ lassen sich Pflichtversicherungen und freiwillige Versicherungen.

f) ____________________ sozialen Pflichtversicherungen sind in Deutschland die Krankenversicherung, Unfallversicherung, Rentenversicherung, Arbeitslosenversicherung sowie Pflegeversicherung.

g) ____________________ müssen für ihre Fahrzeuge eine Haftpflichtversicherung besitzen.

h) ____________________ gibt etliche freiwillige Versicherungen wie z. B. die Diebstahlversicherung, Rechtsschutzversicherung, Reisegepäckversicherung, Handyversicherung, Zahnzusatzversicherung …

i) ____________________ ist es zu überlegen, ob man die jeweilige freiwillige Versicherung tatsächlich braucht.

j) ____________________ gründlich solltest du angebotene Versicherungsverträge lesen.

Einfach Wirtschaft
Elementares Wissen in einfacher Sprache leicht erklärt (Band 13) – Bestell-Nr. 12 952
KOHL VERLAG

23 # Was ist was? (I)

EA

Aufgabe: *Ordne diese 16 Begriffe den anschließenden 16 kurzen Erklärungen richtig zu:*

Aktien – Bargeld – Deflation – Dienstleistungen – Firma – Inflation – Kapital – Konzern – Markt – Steuern – Umsatz – Unternehmen – Versicherungen – Währung – Waren – Zinsen

a) ________________ = materielle Güter;

b) ________________ = nicht materielle Güter;

c) ________________ = Geld;

d) ________________ = Geldscheine, Geldmünzen;

e) ________________ = Geldeinheit eines Staates;

f) ________________ = Zusammentreffen von Verkäufern und Käufern;

g) ________________ = Wertverlust des Geldes;

h) ________________ = Wertsteigerung des Geldes;

i) ________________ = Vergütung (Belohnung) für verliehenes Geld;

j) ________________ = Wertpapiere, mit denen Anteile an Unternehmen erworben werden;

k) ________________ = selbstständige wirtschaftliche Organisation, bestehend aus einem oder mehreren Betrieben;

l) ________________ = Bezeichnung für den Namen eines Unternehmens;

m) ________________ = mehrere zusammengeschlossene Unternehmen;

n) ________________ = finanzielle Einnahmen durch Verkäufe;

o) ________________ = finanzielle Abgaben von Bürgern und Unternehmen an den Staat;

p) ________________ = Verträge über finanziellen Ausgleich in bestimmten Schadensfällen

KOHL VERLAG Einfach Wirtschaft
Elementares Wissen in einfacher Sprache leicht erklärt (Band 13) – Bestell-Nr. 12 952

24 Test I: Richtig oder falsch?

EA

Aufgabe: **a)** *Was hast du gelernt? Kreuze an: Welche Aussagen sind richtig, welche falsch?*

		Richtig	Falsch
1.	Die Wirtschaft versorgt die Menschen mit Waren und Dienstleistungen.		
2.	Das Herstellen von Möbeln ist eine Dienstleistung.		
3.	Die Landwirtschaft gehört zum 2. Wirtschaftssektor.		
4.	In Deutschland sind die allermeisten Erwerbspersonen im 3. Wirtschaftssektor tätig.		
5.	Bargeld kann in Buchgeld getauscht werden und umgekehrt.		
6.	Das Austauschverhältnis zwischen 2 Währungen nennt man Wechselkurs.		
7.	Angebot von und Nachfrage nach Waren stehen zueinander in keinem Zusammenhang.		
8.	Bei einem großen Angebot steigt der Preis der Ware.		
9.	Bei einem kleineren Warenangebot als die Nachfrage erhöhen die Verkäufer gewöhnlich den Preis der Ware.		
10.	Wenn die Preise von Waren steigen, gewinnt das Geld an Wert.		
11.	Die Höhe der Zinsen ist allein abhängig von der Höhe des Kapitals und dem Zinssatz.		
12.	Für den, der sich Geld bei einem Geldinstitut leiht, ist der Zinssatz (erheblich) höher als für den, der dem Geldinstitut Geld leiht.		
13.	Ein negativer Kontostand bei einer Bank bzw. Sparkasse wird auch bezeichnet als Haben.		
14.	Mit Aktien wird an Börsen gehandelt.		
15.	Die Werte (= Preise) der Aktien nennt man Kurse.		
16.	Mit dem Begriff Umsatz ist die Anzahl von Verkäufen gemeint.		
17.	Unternehmen mit bis zu 50 Beschäftigten gelten als kleine Unternehmen.		
18.	Ein finanzieller Gewinn liegt vor, wenn die Geldausgaben geringer sind als die Geldeinnahmen.		
19.	Die Mehrwertsteuer zählt zu den direkten Steuern.		
20.	Es gibt Pflichtversicherungen und freiwillige Versicherungen.		

b) *Verbessere nun schriftlich die falschen Aussagen auf einem Extrablatt.*

25 Zwei Wirtschaftsordnungen im Gegensatz zueinander

In der Wirtschaft stehen zwei Wirtschaftsordnungen im Gegensatz zueinander. Diese sind die Planwirtschaft (= auch Zentralverwaltungswirtschaft genannt) und die freie Marktwirtschaft. Die Planwirtschaft kennzeichnet sozialistische/kommunistische Staaten. Die freie Marktwirtschaft kommt mehr oder minder in kapitalistischen Staaten vor.

Erklärungen:

- Kommunismus = Zielsetzung ist die Schaffung einer klassenlosen Gesellschaft; *communis* (lat.) = gemeinsam, gemeinschaftlich;
- Sozialismus = Vorstufe zum Kommunismus; *socialis* (lat.) = kameradschaftlich, gesellig;
- Kapitalismus: Bei ihm gilt Geld (= Kapital) als wichtiger, ja wichtigster Wirtschaftsfaktor. Bestreben ist allgemein, einen möglichst hohen Gewinn zu erzielen.

EA

Aufgabe: *Ordne die Aussagen in der anschließenden Tabelle richtig zu.*

größeres Angebot an Waren und Dienstleistungen / kleineres Angebot an Waren und Dienstleistungen

größere soziale Unterschiede in der Bevölkerung / geringere soziale Unterschiede in der Bevölkerung

starke Lenkung der Wirtschaft durch den Staat / keine Lenkung der Wirtschaft durch den Staat

Lebensstandard der Menschen niedriger / Lebensstandard der Menschen höher

Vorgabe von Jahresplänen / keine Vorgabe von Jahresplänen

Angebot und Nachfrage bestimmen die Preise / staatliche Festlegung der Preise

überwiegend Privatbesitz / überwiegend staatlicher Besitz

Planwirtschaft	Freie Marktwirtschaft

Einfach Wirtschaft
Elementares Wissen in einfacher Sprache leicht erklärt (Band 13) – Bestell-Nr. 12 952

26 Soziale Marktwirtschaft

Nicht freie Marktwirtschaft, sondern soziale Marktwirtschaft heißt die Wirtschaftsordnung der Bundesrepublik Deutschland. Dies beinhaltet: Zum einen gelten die Regeln der Marktwirtschaft wie vor allem:

- freier Wettbewerb der Unternehmen;
- Bestimmung der Preise durch Angebot und Nachfrage;
- Streben nach finanziellem Gewinn;
- Überwiegend Privatbesitz;
- …

Ludwig Erhard wurde der Erfinder der sozialen Marktwirtschaft genannt.

Im Weiteren ist die soziale Marktwirtschaft darauf ausgerichtet, Nachteile der freien Marktwirtschaft auszugleichen und möglichst Gerechtigkeit zu schaffen. Sozial bedeutet u. a. menschenfreundlich. Die soziale Marktwirtschaft unterstützt schwächere, benachteiligte Menschen und versucht, ihnen zu helfen.

Bedürftige Menschen bekommen Bürgergeld, Wohngeld, medizinische Versorgung. Arbeitslose erhalten für bestimmte Zeit Arbeitslosengeld. Wer weniger Geld verdient, hat weniger Steuern zu zahlen als Meschen; die mehr Geld verdienen.

Seit dem Jahr 2014 ist in Deutschland die Zahlung eines Mindestlohns vorgeschrieben. Es besteht für Unternehmer das Verbot von Preisabsprachen. Auch existiert für Verbraucher ein Umtauschrecht von Waren (u. a. das Rückgaberecht von Waren innerhalb von 14 Tagen). Gesetze schützen Arbeitnehmer (siehe Kündigungsschutzfristen, Arbeitszeitenregelung, Urlaubsanspruch …).

EA **Aufgabe 1**: *Unterstreiche im vorherigen Text die deiner Meinung nach wesentlichsten Dinge.*

EA **Aufgabe 2**: *Schreibe in Stichwörtern auf: Was ist sozial in der Wirtschaftsordnung der Bundesrepublik Deutschland?*

____

____

____

____

____

EA **Aufgabe 3**: *Was hältst du von der sozialen Marktwirtschaft? Begründe deine Meinung.*

____

____

____

____

____

KOHL VERLAG Einfach Wirtschaft
Elementares Wissen in einfacher Sprache leicht erklärt (Band 13) – Bestell-Nr. 12 952

27 Gesamtwirtschaftliche Entwicklung

Die gesamtwirtschaftliche Entwicklung verläuft nicht gleich, sondern unterschiedlich. Gute Zeiten der wirtschaftlichen Entwicklung kommen vor, jedoch auch schlechte Zeiten. Im Laufe der Zeit gibt es ein Auf(wärts) und ein Ab(wärts) in der Wirtschaft. Die Gesamtwirtschaft entwickelt sich zeichnerisch dargestellt meistens in etwa wie eine Wellenbewegung:

Man unterscheidet im Verlauf der Gesamtwirtschaft vier verschiedene Abschnitte, auch Phasen genannt. Diese Abschnitte (= Phasen) wiederholen sich:

- Aufschwung: Das Fremdwort für Aufschwung lautet Expansion. Dieses Fremdwort stammt aus der lateinischen Sprache.
- Hochstand: Das Fremdwort für Hochstand heißt Boom. Boom ist ein Fremdwort aus der englischen Sprache.
- Abschwung: Das Fremdwort für Abschwung ist Rezession. Auch dieses Fremdwort kommt ursprünglich aus der lateinischen Sprache.
- Tiefstand: Dafür wird das Fremdwort Depression gebraucht. Das Fremdwort Depression lässt sich ebenfalls aus der lateinischen Sprache herleiten.

	Aufschwung (= Expansion)	**Hochstand (= Boom)**	**Abschwung (= Rezession)**	**Abschwung (= Rezession)**
Produktion	ansteigend	hoch	sinkend	niedrig
Nachfrage	ansteigend	groß	abnehmend	gering
Preise	ansteigend	ansteigend	sinkend	sinkend
Arbeitslosigkeit	gering	sehr gering	zunehmend	hoch

EA

Aufgabe: *Was sagt die obere Tabelle über Kennzeichen der 4 Abschnitte (= Phasen) der gesamtwirtschaftlichen Entwicklung aus? Notiere eigene Sätze.*

KOHL VERLAG Einfach Wirtschaft Elementares Wissen in einfacher Sprache leicht erklärt (Band 13) – Bestell-Nr. 12 952

28 Arbeit

EA

Aufgabe: **a)** *Die 12 Sätze im anschließenden Text sind nicht geordnet. Bringe die 12 Sätze in eine zusammenhängende, verständliche Reihenfolge. Welcher Satz sollte an 1. Stelle stehen, welcher Satz an 2. Stelle, welcher Satz an 3. Stelle und so weiter? Nummeriere die Sätze entsprechend links mit den Zahlen von 1 bis 12.*

	Ungelernte Arbeitnehmer verdienen weniger Geld als gelernte Arbeitnehmer.
	Gesprochen wird von körperlicher Arbeit und geistiger Arbeit*.
	Arbeitgeber beschäftigen Arbeitnehmer und bezahlen sie.
	In der Wirtschaft ist mit Arbeit in erster Linie die Tätigkeit für Geld gemeint.
	Die Grenze zwischen körperlicher Arbeit und geistiger Arbeit ist jedoch fließend.
	Diese Arbeit wird auch als Erwerbstätigkeit bezeichnet.
	Der Bedarf an ungelernten Arbeitskräften wird zunehmend geringer.
	Anders gesagt, Arbeitnehmer erhalten vom Arbeitgeber für ihre Arbeit Geld.
	Es gibt Arbeitgeber sowie Arbeitnehmer.
	Unter Arbeitsproduktivität versteht man die geleistete Arbeit innerhalb einer bestimmten Zeit.
	Qualifizierte Arbeitskräfte finden eher einen Arbeitsplatz.
	Arbeit ist erforderlich zur Gewinnung und Verarbeitung von Bodenschätzen sowie Rohstoffen, zur Herstellung von Waren, zum Vollbringen von Dienstleistungen …

**Anmerkung: Geistige Arbeit wird in der Regel besser bezahlt als körperliche Arbeit.*

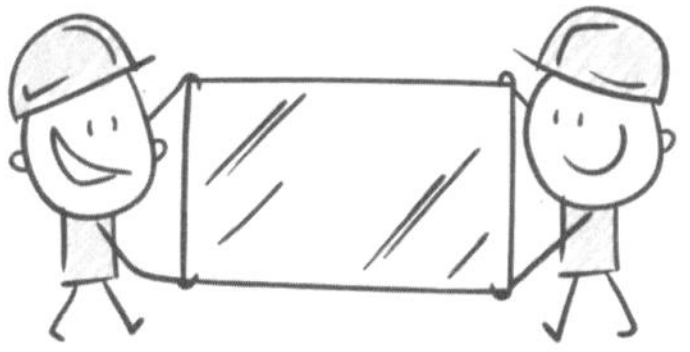

b) *Schreibe die 12 Sätze in der richtigen Reihenfolge vollständig auf.*

KOHL VERLAG
Einfach Wirtschaft
Elementares Wissen in einfacher Sprache leicht erklärt (Band 13) – Bestell-Nr. 12 952

29 Arbeitslosigkeit

Arbeitslosigkeit bringt Probleme für die Wirtschaft, für den Staat sowie für die Arbeitslosen selbst. Zunehmende Arbeitslosigkeit wirkt sich auf die Wirtschaft negativ aus. Die Nachfrage nach Waren und ebenfalls nach Dienstleistungen lässt nach. Die Folgen sind: Unternehmen verringern z. B. die Produktion von Waren und entlassen Arbeitskräfte.

Zu den Zielsetzungen des Staates gehört es gewöhnlich, dass die Arbeitslosigkeit in der Bevölkerung möglichst gering ist. Doch dies ist in wirtschaftlichen Krisenzeiten (sehr) schwierig. Arbeitslos zu werden und zu sein führt bei Betroffenen normalerweise zu Unzufriedenheit, kann im Weiteren Resignation bzw. Unruhe und Empörung hervorrufen.

Von Arbeitslosigkeit vor allem betroffen sind Langzeitarbeitslose und Arbeitslose ohne Ausbildung. Es gibt aber auch Arbeitslose, die kein Interesse an einem Arbeitsplatz haben, jedoch einen solchen erhalten könnten. In Deutschland hat die Bundesagentur für Arbeit u. a. die Aufgabe, Arbeitslose zu beraten und ihnen jeweils möglichst einen Arbeitsplatz zu vermitteln.

EA

Aufgabe 1: *Ergänze die fehlenden Angaben.*

a) Für sie ergeben sich durch Arbeitslosigkeit in der Bevölkerung Probleme:

b) Bei zunehmender Arbeitslosigkeit geht zurück:

c) So reagieren Unternehmen auf weniger Nachfrage nach Waren und Dienstleistungen:

d) Darum ist der Staat normalerweise bemüht:

e) Arbeitslosigkeit ist ein großes Problem in solchen Zeiten:

f) Dazu führt Arbeitslosigkeit bei Arbeitslosen:

g) Insbesondere von Arbeitslosigkeit betroffen sind diese Arbeitslosen:

h) Manche Arbeitslose haben kein:

i) Damit ist die Bundesagentur für Arbeit u. a. beauftragt:

EA

Aufgabe 2: *Das kann ich sonst noch zum Thema Arbeitslosigkeit sagen:*

Einfach Wirtschaft
Elementares Wissen in einfacher Sprache leicht erklärt (Band 13) – Bestell-Nr. 12 952

30 Produkt, Produktion, Produzent, Produktionsfaktoren, Produktivität, Arbeitsproduktivität

Unter anderem kommen die in der Überschrift genannten Begriffe in der Wirtschaft vor. Diese Begriffe haben ihren Ursprung in der lateinischen Sprache:

producere (lat.) = hervorbringen, herstellen

- Das Fremdwort Produkt bedeutet so viel wie Ware. Ein anderes Wort für Ware lautet bekanntlich materielles Gut.
- Unter Produktion versteht man die Herstellung von Waren (= materiellen Gütern).
- Ein Produzent ist jemand, der eine Ware herstellt, kurzum gesagt der Hersteller.
- Als Produktionsfaktoren gelten die wesentlichen Dinge, die zur Herstellung von Waren erforderlich sind. Die 3 klassischen Produktionsfaktoren heißen:

Boden (= Standort ...)

Kapital (= Geld ...)

Arbeit (= Arbeitskräfte ...)

- Produktivität meint die Leistung, mit der die Herstellung von Waren (= materiellen Gütern) erfolgt. Dabei betrachtet man das Verhältnis der erbrachten Leistung in Bezug auf die Größe der eingesetzten Produktionsfaktoren. Meistens geht es um die Arbeitsproduktivität.
- Die Arbeitsproduktivität ergibt sich, wenn die Leistung (= Arbeitsergebnis) durch den Arbeitsaufwand (= z. B. die Arbeitszeit) geteilt wird:

$$\text{Arbeitsproduktivität} = \frac{\text{Leistung}}{\text{Arbeitszeit}}$$

Beispiel: In einem Betrieb werden 240 Geräte an einem Arbeitstag, also in 8 Arbeitsstunden, hergestellt. In diesem Fall beträgt die Arbeitsproduktivität

$$\frac{\text{240 Geräte}}{\text{1 Arbeitstag}} = \frac{\text{240 Geräte}}{\text{8 Arbeitsstunden}} = \frac{\text{30 Geräte}}{\text{1 Arbeitsstunde}},$$

das heißt 30 Geräte je Arbeitsstunde.

Der Begriff Arbeitsproduktivität wird nicht nur bei der Herstellung von Waren, sondern auch bei Dienstleistungen gebraucht. In der Regel ist es das Bestreben in der Wirtschaft, die Arbeitsproduktivität zu erhöhen (= steigern).

Einfach Wirtschaft
Elementares Wissen in einfacher Sprache leicht erklärt (Band 13) – Bestell-Nr. 12 952

30 Produkt, Produktion, Produzent, Produktionsfaktoren, Produktivität, Arbeitsproduktivität

EA

Aufgabe: *Ergänze die fehlenden Angaben.*

a) Die Begriffe Produkt, Produktion … stammen aus der Sprache:

b) Als Produkt wird bezeichnet:

c) Mit dem Begriff Produktion ist gemeint:

d) Den Hersteller einer Ware nennt man auch:

e) Unter der Bezeichnung Produktionsfaktoren werden verstanden:

f) Boden, Kapital und Arbeit werden zusammengefasst genannt:

g) Der Begriff Produktivität gilt für:

h) Bei der Produktivität geht es um das Verhältnis:

i) Leistung geteilt durch die Arbeitszeit ergibt:

j) Nicht nur bei der Produktion von Waren wird der Ausdruck Arbeitsproduktivität benutzt, vielmehr ebenfalls bei:

KOHL VERLAG
Einfach Wirtschaft
Elementares Wissen in einfacher Sprache leicht erklärt (Band 13) – Bestell-Nr. 12 952

31 Arbeitsteilung

EA

Aufgabe 1: *In den folgenden Sätzen fehlt jeweils das erste Wort. Setze passende Wörter als Satzanfänge ein. Wenn dir überhaupt nichts einfällt, benutze ganz unten die Lösungshilfe.*

a) _______ der Industriellen Revolution setzte sich in der Wirtschaft mehr und mehr die Arbeitsteilung durch.

b) _______ der Bezeichnung Arbeitsteilung war und ist die Aufteilung der Arbeit auf verschiedene Teilbereiche gemeint.

c) _______ einzelne Erwerbstätige stellt nicht mehr allein ein ganzes Produkt her, sondern jeweils lediglich einen Teil davon.

d) _______ erledigt der Erwerbstätige häufig immer wieder dieselben Handgriffe.

e) _______ Arbeitsteilung in der heutigen Wirtschaft gehört des Öfteren bei der Herstellung eines Produktes die Aufteilung der Arbeit auf mehrere Unternehmen bzw. Betriebe an unterschiedlichen Standorten.

f) _______ Standorte können innerhalb eines Gebietes, eines Landes oder sogar außerhalb eines Landes liegen.

g) _______ Beispiel dafür ist die Produktion von Autos.

h) _______ Autos produzieren so manche Unternehmen Einzelteile, die anschließend an Autofabriken geliefert werden.

i) _______ den Autofabriken werden die Einzelteile dann zusammengebaut.

j) _______ Laufe der Zeit hat die Arbeitsteilung in der Wirtschaft immer mehr zugenommen.

k) _______ der Arbeitsteilung werden verschiedene Arten (= Formen) unterschieden:

- die betriebliche (= innerbetriebliche) Arbeitsteilung;
- die überbetriebliche (= zwischenbetriebliche) Arbeitsteilung;
- die internationale Arbeitsteilung;
- die berufliche Arbeitsteilung (= Spezialisierung auf bestimmte Berufe/Arbeitsbereiche);
- …

l) _______ nur Vorteile, sondern auch Nachteile hat die Arbeitsteilung.

Lösungshilfe: Als Satzanfänge einsetzbare Wörter:
Ab – Bei – Dabei – Der – Diese – Ein – Für –
Im – In – Mit – Nicht – Zur

KOHL VERLAG
Einfach Wirtschaft
Elementares Wissen in einfacher Sprache leicht erklärt (Band 13) – Bestell-Nr. 12 952

31 Arbeitsteilung

Aufgabe 2: *Überlege dir zusammen mit einem Partner die Vorteile sowie Nachteile der Arbeitsteilung. Tragt eure Ergebnisse in die Tabelle ein. Wenn ihr euch die Bilder genau anseht, können sie euch vielleicht zu Ideen anregen.*

Vorteile der Arbeitsteilung	Nachteile der Arbeitsteilung

KOHL VERLAG
Einfach Wirtschaft
Elementares Wissen in einfacher Sprache leicht erklärt (Band 13) – Bestell-Nr. 12 952

32

Energiewirtschaft

Unter Energie wird allgemein die Fähigkeit verstanden, Arbeit zu leisten.

Zu wirtschaften erfordert Energie; diese ist knapp und kostbar. Im Laufe der Zeit nahm in der Wirtschaft und auch sonst bei vielen Menschen im Privatbereich der Bedarf an Energie immer mehr zu.

Die Energiewirtschaft ist der Wirtschaftszweig, in dem es um die Gewinnung, Bereitstellung sowie Nutzung von Energie geht. Energie wird gewonnen aus Energieträgern (= Energiequellen).

Zu den nicht erneuerbaren Energieträgern gehören die Steinkohle, Braunkohle, Erdöl, Erdgas ... Die nicht erneuerbaren Energiequellen sind früher oder später aufgebraucht. Hinzu kommt, dass die nicht erneuerbaren Energieträger die Umwelt belasten. Durch die Verbrennung von Steinkohle, Braunkohle, Erdöl und Erdgas wird Kohlen(stoff)dioxid (CO_2) freigesetzt, was zur stattfindenden Klimaerwärmung wesentlich beigetragen hat und noch weiterhin beiträgt.

Mehr denn je zuvor ist die Verwirklichung einer Wende in der Energiewirtschaft erforderlich. Es gilt im weitaus größeren Ausmaß als bisher, erneuerbare Energiequellen wie die Sonnenenergie, Windenergie, Wasserenergie, die Energie der Erdwärme ... zu nutzen.

Diese Nutzungen erfordern jedoch unter anderem erhebliche technische Veränderungen und Neuerungen, die mit sehr hohen Kosten verbunden sind.

EA

Aufgabe 1: *Du hast den Text zum Thema Energiewirtschaft gelesen. Was merkst du dir davon über die Energiewirtschaft? Schreibe vollständige Sätze auf.*

EA

Aufgabe 2: *Weißt du außerdem noch etwas über die Energiewirtschaft? Notiere es.*

KOHL VERLAG Einfach Wirtschaft
Elementares Wissen in einfacher Sprache leicht erklärt (Band 13) – Bestell-Nr. 12 952

33 Die Erde, die Bedürfnisse und die Gier der Menschen

Der indische Freiheitskämpfer und Politiker Mahatma Gandhi (1869-1948) soll einst gesagt haben:

„Die Welt hat genug für jedermanns Bedürfnisse, aber nicht für jedermanns Gier."

Tatsächlich bot und bietet die Erde den Menschen sehr viel, unter anderem an Bodenschätzen und Rohstoffen. Doch inzwischen hat die Erdbevölkerung auf über 8 Milliarden Menschen erheblich zugenommen. Zudem haben Menschen die Natur auf der Erde immer mehr zurückgedrängt – oft rücksichtslos – und tun dies weiterhin. Mittlerweile werden auf der Erde viel mehr Mengen an Bodenschätzen und Rohstoffen verbraucht, als die Erde auf Dauer bieten kann.

Dieser übermäßige Verbrauch erfolgt insbesondere in den entwickelten Staaten. Die Folgen des extremen Verbrauches sind Knappheit an Rohstoffen sowie Bodenschätzen, Naturzerstörungen, Klimaveränderungen …

Während Menschen auf der Erde in manchen Regionen im Überfluss leben, herrschen in anderen Gebieten Hungersnot, Armut und Elend. Dazu beigetragen hat die betriebene Wirtschaft. Bei Menschen in reichen Ländern kam und kommt es zu immer mehr sowie höheren Bedürfnissen – Bedürfnisse, die weitaus überzogen sind. Die Wirtschaft ist bestrebt, diese Bedürfnisse zu befriedigen, woran sie verdient und Menschen in ärmeren Staaten zu leiden haben. Die Gier (= Habgier und Profitgier) macht sich in der Wirtschaft eindeutig bemerkbar.

EA

Aufgabe 1: *Was hast du vom vorherigen Text verstanden? Schreibe eigene Sätze auf.*

____

____

____

____

____

____

EA

Aufgabe 2: *Welche Meinung hast du zu den Hauptaussagen des Textes?*

____

____

____

____

____

____

KOHL VERLAG Einfach Wirtschaft
Elementares Wissen in einfacher Sprache leicht erklärt (Band 13) – Bestell-Nr. 12 952

34 Handel

Der Handel ist ein Bestandteil der Wirtschaft. Wer Handel treibt, ist ein Händler. Händler nennt man auch Kaufleute. Zum Handel gehören der Einkauf, die Lagerung und der Verkauf von hauptsächlich Waren.

In weit zurückliegenden Zeiten wurden beim Handel Waren gegen Waren getauscht (= Tauschhandel). Dies ist in der heutigen Zeit nicht mehr üblich. Die Verkäufer von Waren verlangen in der Regel Geld. Die allermeisten Händler produzieren die Waren, die sie zum Kauf anbieten, nicht selbst, sondern beziehen sie vom Hersteller (= Produzenten) oder vom Großhandel.

Unterschieden wird zwischen dem Großhandel und dem Einzelhandel.

- Im Großhandel erfolgt der Einkauf von Waren beim Produzenten (= Hersteller) und der Verkauf von Waren an den Einzelhandel.
- Der Einzelhandel kauft die Waren beim Produzenten oder beim Großhändler und verkauft die eingekauften Waren weiter an die Verbraucher.

Außer dem Handel mit Waren gibt es den Handel mit Wertpapieren (wie z. B. Aktien), den Handel mit Immobilien … Als Immobilien bezeichnet man unbeweglichen[1] Grundbesitz wie vor allem Häuser und Grundstücke. Der Binnenhandel findet innerhalb der jeweiligen Länder (= Staaten) statt, der Außenhandel zwischen verschiedenen Ländern (= Staaten).

EA

Aufgabe 1: *Hast du Interesse, in deinem späteren Berufsleben im Handel zu arbeiten? Warum bzw. warum nicht?*

___

___

___

___

___

___

___

[1] *immobilis* (lat.) = unbeweglich

KOHL VERLAG Einfach Wirtschaft
Elementares Wissen in einfacher Sprache leicht erklärt (Band 13) – Bestell-Nr. 12 952

Handel

EA

Aufgabe 2: *Beantworte die folgenden 10 Fragen.*

a) Wie werden Händler sonst noch bezeichnet?

____

b) Handel – was gehört dazu?

____

c) Was wird Tauschhandel genannt?

____

d) Woher bekommen die allermeisten Händler die Waren?

____

e) Was geschieht im Großhandel?

____

f) An wen verkauft der Einzelhandel die Waren?

____

g) Womit wird außer mit Waren ebenfalls z. B. gehandelt?

____

h) Immobilien – was sind das?

____

i) Was wird unter dem Binnenhandel verstanden?

____

j) Wozwischen erfolgt der Außenhandel?

____

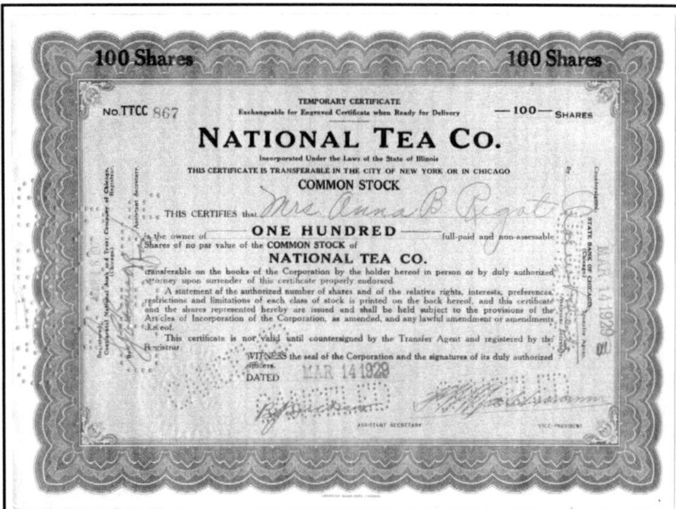

35 Welche Waren kommen aus welchen Ländern?

EA

Aufgabe: *Informiere dich in einem großen Einkaufszentrum: Wähle 25 Waren aus und notiere, aus welchen Ländern diese stammen.*

	Waren	Herkunftsländer
1		
2		
3		
4		
5		
6		
7		
8		
9		
10		
11		
12		
13		
14		
15		
16		
17		
18		
19		
20		
21		
22		
23		
24		
25		

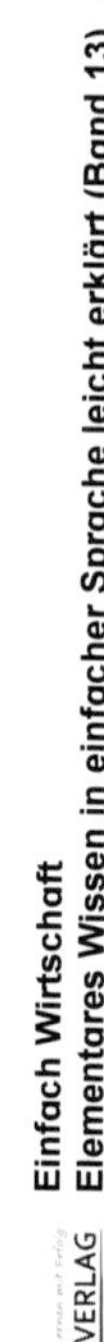
Einfach Wirtschaft
Elementares Wissen in einfacher Sprache leicht erklärt (Band 13) – Bestell-Nr. 12 952
KOHL VERLAG

36 Binnenwirtschaft und Außenwirtschaft

Unter Binnenwirtschaft versteht man die Wirtschaft innerhalb eines Staates bzw. Staatenbündnisses. Das Gegenteil zur Binnenwirtschaft ist die Außenwirtschaft. Außenwirtschaft meint die Wirtschaft, die ein Staat oder Staatenbündnis mit anderen Staaten bzw. Staatenbündnissen betreibt.

In der Außenwirtschaft geht es u. a. um die Ausfuhr von Waren in andere Staaten bzw. Staatenbündnisse sowie um die Einfuhr von Waren aus anderen Staaten bzw. Staatenbündnissen. Das Fremdwort für Ausfuhren heißt Exporte, das Fremdwort für Einfuhren Importe. Aus dem Lateinischen abgeleitet:

exportare (lat.) = hinaustragen, ausführen;
importare (lat.) = herbeibringen, einführen

Unterschieden wird zwischen aktiver Handelsbilanz und passiver Handelsbilanz.

- Ist der Geldwert aller Ausfuhren höher als der Geldwert aller Einfuhren, besitzt der jeweilige Staat eine aktive Handelsbilanz. Deutschland z. B. weist eine aktive Handelsbilanz auf.
- Ein Staat hat in folgendem Fall eine passive (= negative) Handelsbilanz: Der Geldwert aller Einfuhren des Landes übertrifft den Geldwert seiner Ausfuhren.

Nicht nur der internationale Handel mit Waren gehört zur Außenwirtschaft, vielmehr auch der Handel mit Dienstleistungen und Geld.

EA

Aufgabe: *Das merke ich mir zum Thema Binnenwirtschaft und Außenwirtschaft:*

37 Freihandel und Zölle

In der Außenwirtschaft wird des Öfteren der Begriff Freihandel gebraucht. Freihandel bedeutet: Der Handel zwischen Ländern findet ohne Einschränkungen und ohne finanzielle Belastungen wie Zölle statt. In der Wirtschaft wird die Ansicht vertreten, der Freihandel fördere den Fortschritt der Staaten. Die im Jahr 1995 gegründete Welthandelsorganisation WTO (= **W**orld **T**rade **O**rganization) tritt sehr für den Freihandel ein.

Die WTO hat ihren Hauptsitz in Genf, einer Stadt in der Schweiz. So manche Staaten haben sich zu Freihandelszonen zusammengeschlossen. Innerhalb einer Freihandelszone gibt es zwischen den Ländern gewöhnlich keine Zölle. Zum Beispiel besteht freier Handel zwischen den Staaten der Europäischen Union (EU).

Im Gegensatz zum Freihandel stehen Zölle. Sie werden an Grenzen zwischen Staaten und Freihandelszonen erhoben. Zölle sind finanzielle Abgaben für Waren und Dienstleistungen. Man unterscheidet Einfuhrzölle, Ausfuhrzölle und Durchfuhrzölle. Beitragen sollen Zölle dazu, die einheimische Wirtschaft vor ausländischer Konkurrenz zu schützen.

EA

Aufgabe:

a) *Was wird unter dem Begriff Freihandel verstanden?*

____

____

b) *Welche Organisation setzt sich besonders für den Freihandel ein?*

____

c) *Was sind Freihandelszonen?*

____

____

____

d) *Erkläre, was Zölle sind.*

____

____

e) *Welche 3 Arten von Zöllen lassen sich unterscheiden?*

____

f) *Wozu sollen Zölle beitragen?*

____

____

KOHL VERLAG Einfach Wirtschaft
Elementares Wissen in einfacher Sprache leicht erklärt (Band 13) – Bestell-Nr. 12 952

38 Internationale wirtschaftliche Verflechtung (I)

Im Vergleich zu früheren Zeiten ist die Wirtschaft heutzutage international viel stärker verflochten. Dies besagt anders ausgedrückt: Es bestehen zwischen Staaten weltweit weitaus mehr wirtschaftliche Beziehungen als früher. Der weltweite Handel mit Waren, Dienstleistungen und Geld hat erheblich zugenommen. Diese Entwicklung nennt man Globalisierung.

globus (lat.) = Erde, Erdkugel

Die Globalisierung hat seit den 70er Jahren des 20. Jahrhunderts wesentlich an Bedeutung gewonnen.

Schiffe, Flugzeuge, Eisenbahnzüge sowie Lastkraftwagen transportieren Waren, Rohstoffe und Bodenschätze über oft sehr weite Entfernungen. Begünstigt wurde und wird die Globalisierung durch das Internet. Das Internet ermöglicht Nachfragen nach Waren, Rohstoffen und Bodenschätzen. Mit dem Internet kann man sie auch rasch weitergeben und Transporte organisieren …

Besonders profitieren sehr große Unternehmen (Konzerne …) von der Globalisierung. Sie errich(te)ten Standorte auf verschiedenen Kontinenten der Erde.

Zahlreiche (große) Unternehmen lassen Waren in fernen Ländern preiswert (= mit relativ wenig Kosten) herstellen und verkaufen die Produkte dann teurer in anderen Staaten auf der Erde.

EA **Aufgabe 1**: *Erkläre näher in eigenen Sätzen: Was ist Globalisierung?*

____

____

____

____

____

EA **Aufgabe 2**: *Inwiefern profitieren sehr große Unternehmen vor allem von der Globalisierung?*

____

____

____

____

____

EA **Aufgabe 3**: *Was hältst du vom angesprochenen Vorgehen sehr großer Unternehmen?*

____

____

____

____

____

KOHL VERLAG Einfach Wirtschaft
Elementares Wissen in einfacher Sprache leicht erklärt (Band 13) – Bestell-Nr. 12 952

39 Internationale wirtschaftliche Verflechtung (II)

So manche Befürworter der internationalen wirtschaftlichen Verflechtung sehen darin nur oder in erster Linie Vorteile. Als Vorteile werden vor allem genannt: Die Globalisierung habe das Warenangebot weltweit erheblich erweitert und neue Absatzmärkte geschaffen. Im Weiteren seien durch die Globalisierung neue Arbeitsplätze entstanden sowie die Weltwirtschaft gewachsen. Auch habe die Globalisierung die internationale (wirtschaftliche) Zusammenarbeit gefördert …

Kritiker führen Nachteile der Globalisierung an: Wirtschaftlich führende Staaten und Großunternehmen würden weniger entwickelten Ländern das Handeln diktieren und sie in Abhängigkeit halten. Die Arbeitskräfte in den weniger entwickelten Ländern würden für die geleistete Arbeit nicht gerecht bezahlt, sondern unterbezahlt, wenn nicht sogar ausgebeutet. Im Zuge der Globalisierung gebe es (noch) mehr Konkurrenzkämpfe und Korruption (= Bestechung). Zudem trage die Globalisierung bei zur Belastung und Schädigung der Umwelt sowie des Klimas.

EA

Aufgabe: *Insgesamt gesehen gehen und liegen die Meinungen über die internationale wirtschaftliche Verflechtung (= Globalisierung) weit auseinander. Welche Meinung hast du zur Globalisierung? Begründe deine Meinung (näher).*

Einfach Wirtschaft
Elementares Wissen in einfacher Sprache leicht erklärt (Band 13) – Bestell-Nr. 12 952
KOHL VERLAG

40

Zwei Wirtschaftsmodelle

<u>Das herkömmliche lineare Wirtschaftsmodell</u>

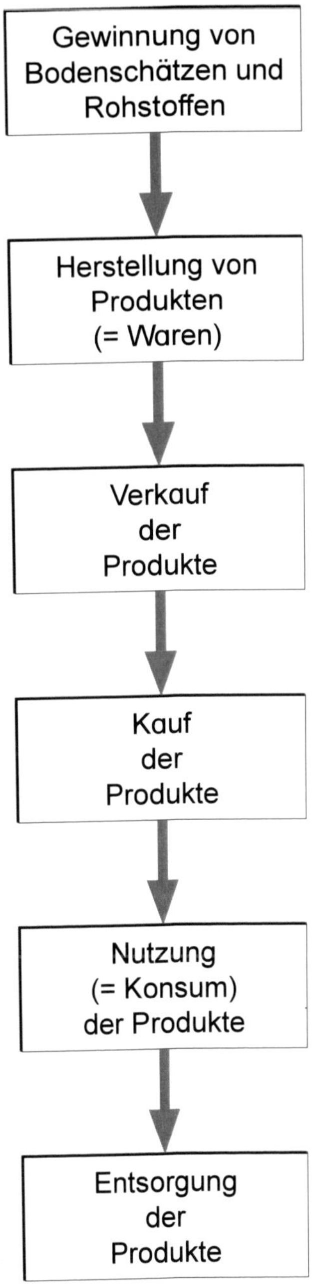

Gewinnung von Bodenschätzen und Rohstoffen

↓

Herstellung von Produkten (= Waren)

↓

Verkauf der Produkte

↓

Kauf der Produkte

↓

Nutzung (= Konsum) der Produkte

↓

Entsorgung der Produkte

<u>Das kreisförmige Wirtschaftsmodell</u>

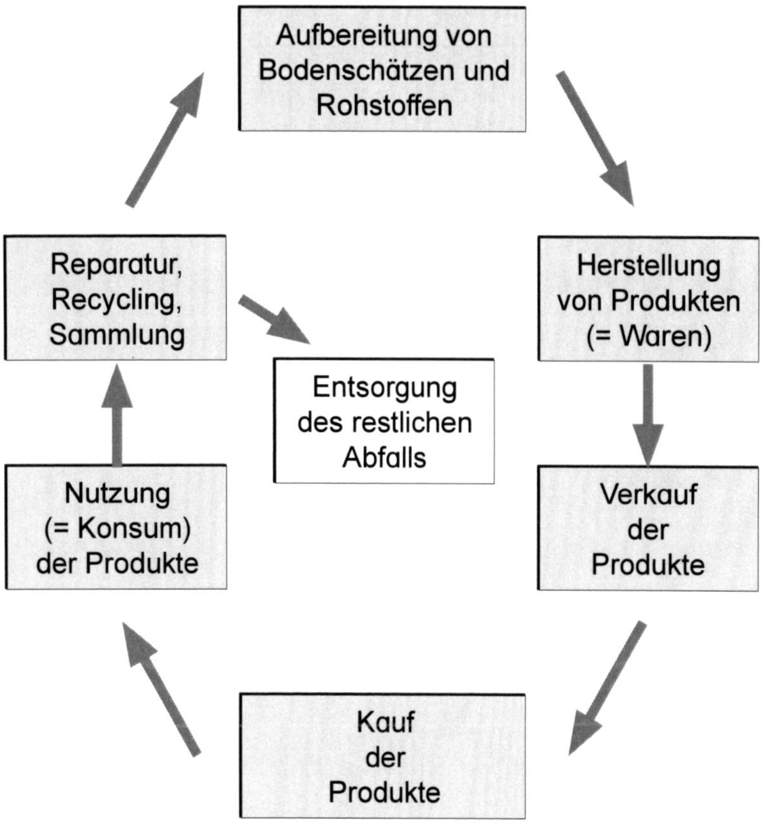

Aufbereitung von Bodenschätzen und Rohstoffen

→ Herstellung von Produkten (= Waren)

→ Verkauf der Produkte

→ Kauf der Produkte

→ Nutzung (= Konsum) der Produkte

→ Reparatur, Recycling, Sammlung

→ Aufbereitung von Bodenschätzen und Rohstoffen

Reparatur, Recycling, Sammlung → Entsorgung des restlichen Abfalls

<u>Hinweis</u>: Recycling = Wiederaufbereitung, Wiederverwertung von bereits benutzten Rohstoffen

re (lat.) = wieder, zurück
cyclus (lat.) = Kreis(lauf)

EA **<u>Aufgabe</u>:** *Schreibe auf einem Extrablatt.*

a) *Erkläre den Unterschied zwischen dem herkömmlichen, linearen Wirtschaftsmodell und dem kreisförmigen Wirtschaftsmodell.*

b) *Welches Wirtschaftsmodell hältst du für besser? Begründe deine Meinung.*

Einfach Wirtschaft
Elementares Wissen in einfacher Sprache leicht erklärt (Band 13) – Bestell-Nr. 12 952

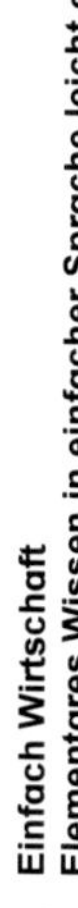

41

Konsum

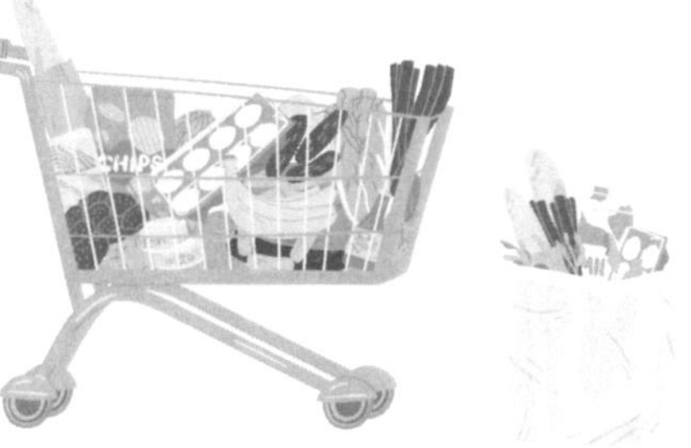

Konsum ist ein Fremdwort. Es kommt ursprünglich aus der lateinischen Sprache. Übersetzt in die deutsche Sprache heißt das Fremdwort Verbrauch. Das Verb (= Zeitwort) zu *Konsum* lautet *konsumieren*. Konsum(ieren) bedeutet so viel wie Dinge verbrauchen, sie nutzen. Beispiele für Konsumartikel sind Lebensmittel, Kleidung, Autos, Smartphones, Urlaubsreisen und vieles andere mehr. Die Wirtschaft ist darauf ausgerichtet: Die Menschen sollen konsumieren. Für den Konsum geben die Menschen Geld aus. Davon profitiert die Wirtschaft. Sie erzielt dadurch oft finanzielle Gewinne.

Heutzutage leben wir in einer sogenannten Konsumgesellschaft. Im Leben ganz vieler Menschen hat der Konsum eine (sehr) große Bedeutung. Beeinflusst durch immer mehr Werbung streben zahlreiche Konsumenten (= Verbraucher, Nutzer) vermehrt nach Konsum. Sagen lässt sich: Sie sind zu „Sklaven des Konsums" geworden. So manchen Leuten dient der Konsum dazu, sich damit öffentlich aufzuwerten, zu protzen, sich (vermeintlich) ein höheres Ansehen zu verschaffen. Dies nennt man auch Geltungskonsum.

Eigentlich brauchen die Menschen gar nicht so viel Konsum, wie er heute besteht. Viele Dinge des Konsums sind unnötig. Sehr bedenklich ist: Durch viel mehr Konsum als früher gibt es auf der Erde nicht mehr so große Mengen an Bodenschätzen und Rohstoffen. Auch trug und trägt der übermäßige Konsum zur Schädigung sowie Zerstörung von Natur und Umwelt bei.

EA

Aufgabe: *Beantworte die folgenden 10 Fragen möglichst in ganzen Sätzen auf einem Extrablatt.*

a) Aus welcher Sprache stammt das Fremdwort Konsum?

b) Wie lautet die deutsche Übersetzung des Fremdwortes Konsum?

c) Was ist mit dem Fremdwort Konsum näher gemeint?

d) Was hat Konsum mit Wirtschaft zu tun?

e) In welcher sogenannten Gesellschaft leben wir heute?

f) Wonach streben sehr viele Menschen in der heutigen Zeit?

g) Was soll die Bezeichnung „Sklaven des Konsums" aussagen?

h) Was ist Geltungskonsum?

i) Brauchen die Menschen so viel Konsum, wie er heute besteht?

j) Welche negativen Auswirkungen hat übermäßiger Konsum u. a.?

KOHL VERLAG Einfach Wirtschaft
Elementares Wissen in einfacher Sprache leicht erklärt (Band 13) – Bestell-Nr. 12 952

42 Zu Hause in der Wohnung

EA

Aufgabe: *Schaue nach und schreibe auf.*

a) Welche Dinge werden sehr oft bzw. oft gebraucht?

____

____

____

____

____

b) Welche Dinge werden ab und zu gebraucht?

____

____

____

____

____

c) Welche Dinge werden selten gebraucht?

____

____

____

____

____

d) Welche Dinge werden überhaupt nicht gebraucht?

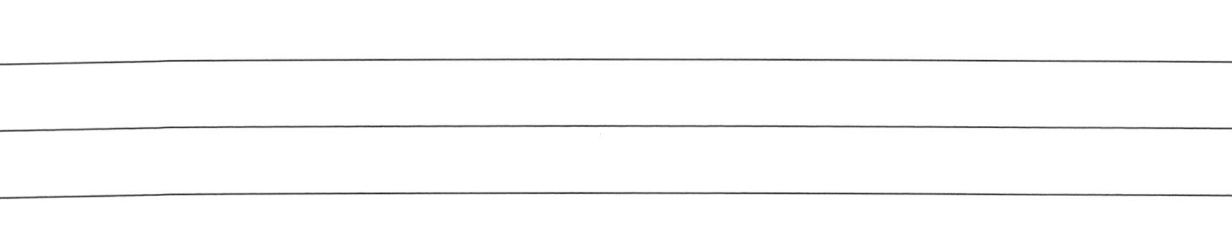

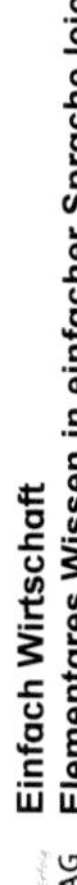
KOHL VERLAG
Einfach Wirtschaft
Elementares Wissen in einfacher Sprache leicht erklärt (Band 13) – Bestell-Nr. 12 952

43 Bedürfnisse

Menschen haben verschiedene Bedürfnisse (= Wünsche) wie z. B.:

genügend Geld zu verdienen
in der Welt umherreisen
sehr gut auszusehen
ein Star (z. B. ein Fußballstar) zu werden
am Computer zu spielen
moderne Kleidung zu tragen
gesund zu sein und zu bleiben
einen vernünftigen Beruf zu erlernen
Freunde zu haben
genug zu essen und zu trinken zu haben

EA

Aufgabe 1: *Wie bewertest du die genannten Bedürfnisse? Trage jeweils entsprechend plus oder minus daneben ein: Welche Bedürfnisse bewertest du positiv (= +), welche Bedürfnisse negativ (= –)?*

EA

Aufgabe 2: *Erstelle für dich eine Rangliste deiner eigenen Bedürfnisse. Welches Bedürfnis steht bei dir an 1. Stelle, welches Bedürfnis an 2. Stelle, welches Bedürfnis an 3. Stelle usw.?*
Deine Rangliste sollte möglichst 10 Bedürfnisse umfassen.

1. Rang: ____________________

2. Rang: ____________________

3. Rang: ____________________

4. Rang: ____________________

5. Rang: ____________________

6. Rang: ____________________

7. Rang: ____________________

8. Rang: ____________________

9. Rang: ____________________

10. Rang: ____________________

Einfach Wirtschaft
Elementares Wissen in einfacher Sprache leicht erklärt (Band 13) – Bestell-Nr. 12 952

44 Betrachtung einer Werbung

EA

Aufgabe: *Suche dir eine Werbung aus (z. B. eine Werbeanzeige aus einer Zeitung oder ein Werbeplakat).*

a) Welches Unternehmen wirbt in der Werbung für welches Produkt bzw. welche Dienstleistung?

____

____

____

b) An welche Zielgruppen richtet sich die Werbung?

____

____

____

c) Welche Informationen werden in der Werbung über das Produkt bzw. die Dienstleistung gegeben?

____

____

____

d) Was ist in der Werbung (bildlich) zu sehen?

____

____

____

e) Welche Gefühle, Bedürfnisse oder Wünsche erweckt die Werbung beim Betrachter?

____

____

____

f) Was hältst du von dieser Werbung? Begründe deine Meinung.

____

____

____

KOHL VERLAG Einfach Wirtschaft
Elementares Wissen in einfacher Sprache leicht erklärt (Band 13) – Bestell-Nr. 12 952

45

Werbung

Ziel der Werbung ist es, die Menschen zu bewegen, Produkte zu erwerben bzw. Dienstleistungen in Anspruch zu nehmen. Anders ausgedrückt: Die Werbung dient dazu, den Verkauf und damit den Konsum zu fördern.

Früher bezeichnete man die Werbung (auch) als Reklame[1]. Werbung ist erlaubt, wenn sie als Werbung gekennzeichnet ist. Verboten ist aber Schleichwerbung. Schleichwerbung ist verdeckte Werbung. Ein Beispiel dafür ist: Eine Influencerin zeigt in ihren Beiträgen im Internet ein ganz bestimmtes Produkt wiederholt scheinbar unbeabsichtigt.

Im Vergleich zu früheren Zeiten hat die Werbung immer mehr zugenommen. Sie findet im Radio, im Fernsehen, in Zeitungen, Zeitschriften, auf Plakatwänden, an Litfaßsäulen, an und in Verkehrsmitteln statt. So manche Werbung ist (sehr) aufdringlich. Festzustellen ist ebenfalls: Was die Werbung verspricht, erfüllen so einige Produkte und Dienstleistungen des Öfteren nicht (genügend).

EA

Aufgabe 1: *Was kannst du nun zum Thema Werbung sagen? Schreibe eigene Sätze auf.*

____

____

____

____

EA

Aufgabe 2: *Was hältst du von Werbung? Interessiert dich Werbung?*

____

____

____

____

EA

Aufgabe 3: *Kann dich Werbung in deinem Kaufverhalten beeinflussen? Warum bzw. warum nicht?*

____

____

____

____

[1] *reclamare* (lat.) = ausrufen

KOHL VERLAG Einfach Wirtschaft
Elementares Wissen in einfacher Sprache leicht erklärt (Band 13) – Bestell-Nr. 12 952

46 Wirtschaftswachstum?

Noch immer gilt für die weitaus meisten Verantwortlichen in der Wirtschaft ständiges Wirtschaftswachstum als oberstes Ziel. Das Wirtschaftswachstum zeige den Fortschritt an und garantiere den Wohlstand.

Als Anzeiger für die Wirtschaftsentwicklung wird hauptsächlich das Bruttoinlandsprodukt herangezogen, es dient dabei als besonders aussagekräftig. Mit dem Bruttoinlandsprodukt ist je Staat der finanzielle Gesamtwert aller dort in einem Jahr produzierten Waren sowie erbrachten Dienstleistungen gemeint. Dieser Gesamtwert wird zum Vergleich gewöhnlich in US-Dollar angegeben. Je mehr das Bruttoinlandsprodukt von Jahr zu Jahr steige, desto mehr Wohlstand gebe es – so die Annahme und Aussage.

Inzwischen wird jedoch auch Kritik am Streben nach Wirtschaftswachstum geübt. Aufgrund der fortlaufenden Orientierung am Wirtschaftswachstum …

- stehen auf der Erde immer weniger Mengen an Bodenschätzen und Rohstoffen zur Verfügung.
- sind die Umwelt und das Klima geschädigt.
- profitieren manche Menschen auf der Erde davon, andere aber nicht (ausreichend). Reiche würden noch reicher, Arme noch ärmer!
- sei der Konsum überzogen und müsse begrenzt werden.

Erforderlich sei eine Wirtschaft, die nicht ständig weiterwachsen müsse. Wir sollten ein genügsames, lebenswertes Leben führen! Die Menschen würden dabei auch den Wert von nicht materiellen Dingen erkennen.

EA

Aufgabe: *Erkläre in eigenen Sätzen: Worum geht es in dem vorherigen Text? Was meinst du zur Kritik am Streben nach Wirtschaftswachstum? Begründe deine Meinung näher.*

Mein zukünftiges Leben

EA

Aufgabe: *Wie stellst du dir dein zukünftiges Leben vor? Fülle die Tabelle aus.*

Alter	≈ 20 Jahre	≈ 40 Jahre	≈ 60 Jahre	≈ 80 Jahre
Beruf(e)				
Höhe des Verdienstes				
alleinstehend / verheiratet				
Wohnsitz				
Freizeit-gestaltung				
Sonstiges				

KOHL VERLAG
Einfach Wirtschaft
Elementares Wissen in einfacher Sprache leicht erklärt (Band 13) – Bestell-Nr. 12 952

48 Wie möchtest du zukünftig dein Leben führen?

EA

Aufgabe: *Schreibe vollständige Sätze auf. Welche Bedeutung hat für dich …*

Geld?	
Konsum?	
Arbeit?	
Familie?	
Freizeit?	
Naturschutz?	
…	

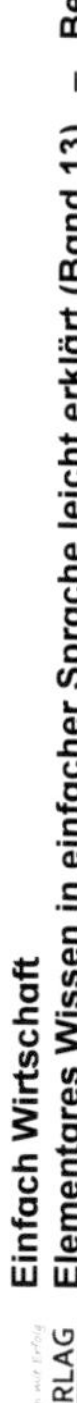

Was ist was? (II)

EA

Aufgabe: *Ordne diese 16 Begriffe den anschließenden 16 kurzen Erklärungen richtig zu.*

Arbeitgeber – Arbeitnehmer – Arbeitsproduktivität – Boom – Bruttoinlandsprodukt – Bundesagentur für Arbeit – Depression – Expansion – Globalisierung – Handelsbilanz – Kapitalismus – Konsum – Rezession – soziale Marktwirtschaft – Werbung – Zölle

a) ______________________ = Bezeichnung für die Wirtschaftsordnung in der Bundesrepublik Deutschland;

b) ______________________ = Streben nach möglichst hohem finanziellen Gewinn;

c) ______________________ = wirtschaftlicher Hochstand;

d) ______________________ = wirtschaftlicher Aufschwung;

e) ______________________ = wirtschaftlicher Tiefstand;

f) ______________________ = wirtschaftlicher Abschwung;

g) ______________________ = bezahlen Arbeitskräfte für geleistete Arbeit;

h) ______________________ = Arbeitskräfte, die für geleistete Arbeit Geld erhalten;

i) ______________________ = geleistete Arbeit innerhalb einer bestimmten Zeit;

j) ______________________ = berät und vermittelt Arbeitslose;

k) ______________________ = Verhältnis zwischen den Einfuhren und Ausfuhren von Staaten;

l) ______________________ = finanzielle Abgaben an Grenzen zwischen Staaten und Freihandelszonen;

m) ______________________ = weltweite wirtschaftliche Verflechtung;

n) ______________________ = Fremdwort für Verbrauch;

o) ______________________ = Reklame für Waren und Dienstleistungen;

p) ______________________ = gesamter Geldwert der produzierten Waren und erbrachten Dienstleistungen je Staat bezogen auf 1 Jahr

Einfach Wirtschaft
Elementares Wissen in einfacher Sprache leicht erklärt (Band 13) – Bestell-Nr. 12 952
KOHL VERLAG

50 # Gegenteile gesucht

EA

Aufgabe: *Jeweils 2 Begriffe bilden ein Paar. Der eine der beiden ist das Gegenteil des anderen Begriffes. Finde alle Paare, verbinde jeweils per Linie den einen Begriff mit seinem Gegenteil.*

Boom

Freihandel

Bargeld

Rezession

Binnenwirtschaft

Guthaben

Zölle

Depression

Bruttoverdienst

Nettoverdienst

Gewinn

Schulden

Freie Marktwirtschaft

Expansion

Verlust

Aktive Handelsbilanz

Nachfrage

Inflation

Angebot

Deflation

Außenwirtschaft

Planwirtschaft (= Zentralverwaltungswirtschaft)

Buchgeld

Passive Handelsbilanz

KOHL VERLAG Einfach Wirtschaft Elementares Wissen in einfacher Sprache leicht erklärt (Band 13) – Bestell-Nr. 12 952

Test II: Richtig oder falsch?

EA

Aufgabe: **a)** *Was hast du gelernt? Kreuze an: Welche Aussagen sind richtig, welche falsch?*

	Aussage	Richtig	Falsch
1.	In der freien Marktwirtschaft besteht ein kleineres Angebot an Waren und Dienstleistungen als in der Planwirtschaft.		
2.	Mit der Bezeichnung soziale Marktwirtschaft ist dasselbe gemeint wie mit freier Marktwirtschaft.		
3.	Die soziale Marktwirtschaft der Bundesrepublik Deutschland ist dadurch gekennzeichnet, Schwächen der freien Marktwirtschaft auszugleichen.		
4.	In der Bundesrepublik Deutschland sind bei Waren Preisabsprachen zwischen Unternehmen erlaubt.		
5.	In der gesamtwirtschaftlichen Entwicklung werden gewöhnlich 5 Phasen unterschieden.		
6.	In der Wirtschaft ist mit Arbeit hauptsächlich die Erwerbstätigkeit gemeint.		
7.	Mit zunehmender Arbeitslosigkeit in der Bevölkerung geht die Nachfrage nach Waren und Dienstleistungen zurück.		
8.	Körperliche Arbeit wird normalerweise besser bezahlt als geistige Arbeit.		
9.	Deutschland weist eine ausgeglichene Handelsbilanz auf.		
10.	Zölle sollen dazu beitragen, die einheimische Wirtschaft vor Konkurrenz zu schützen.		
11.	Zwischen den Staaten der Europäischen Union (EU) besteht Freihandel.		
12.	Die Globalisierung hat weltweit zu weniger Abhängigkeiten zwischen den Staaten geführt.		
13.	Die weltweite wirtschaftliche Verflechtung belastet Natur, Umwelt und das Klima.		
14.	Recycling bedeutet die Wiederverwendung bereits benutzter Rohstoffe.		
15.	Auf der Erde geht die Menge nicht erneuerbarer Bodenschätze und Rohstoffe immer weiter zurück.		
16.	Der übermäßige Konsum vieler Menschen ist sehr bedenklich.		
17.	Durch Werbung lassen sich nur wenige Verbraucher beeinflussen.		
18.	Das Wirtschaftswachstum fördert den Wohlstand aller.		
19.	Das Bruttoinlandsprodukt gibt bezogen auf 1 Jahr den Geldwert aller in jeweils einem Staat hergestellten Waren an.		
20.	Das Wirtschaftswachstum als oberstes Ziel der Wirtschaft wird inzwischen zunehmend kritisiert.		

b) *Verbessere nun schriftlich die falschen Aussagen auf einem Extrablatt.*

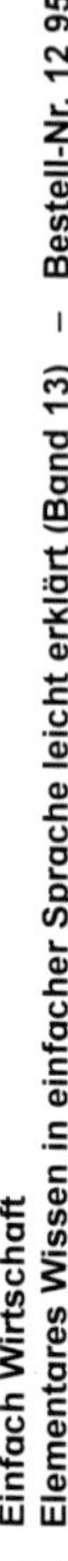

Was kannst du zum Thema Wirtschaft sagen?

EA

Aufgabe: *Notiere eigene, möglichst zusammenhängende Sätze.*

a) *Erstelle von deinem Text zunächst auf einem Extrablatt eine erste vorläufige Fassung, in der du immer noch verbessern und durchstreichen kannst.*

b) *Schreibe dann deinen endgültigen Text noch einmal in Schönschrift im unteren Block auf. Versuche dabei, möglichst keine Fehler mehr zu machen.*

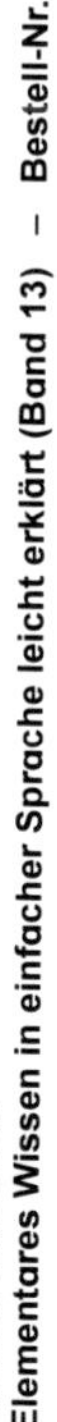

Einfach Wirtschaft
Elementares Wissen in einfacher Sprache leicht erklärt (Band 13) – Bestell-Nr. 12 952

53 Zum Thema Wirtschaft möchte ich noch wissen

EA

Aufgabe: *Notiere Fragen, die in diesem Band noch nicht behandelt worden sind oder solche, die dich ganz besonders interessieren.*

1. Frage: ______	2. Frage: ______
3. Frage: ______	4. Frage: ______
5. Frage: ______	6. Frage: ______
7. Frage: ______	8. Frage: ______

Einfach Wirtschaft
Elementares Wissen in einfacher Sprache leicht erklärt (Band 13) – Bestell-Nr. 12 952

Gewinn oder Verlust? – ein Spiel

Spielerzahl: 2

Spielmaterialen: je Spieler 10 Spielkarten (siehe nächste Seite)

Spielregeln: Zwei Spieler spielen gegeneinander. Jeder Spieler besitzt zu Spielbeginn 10 Spielkarten mit je einmal dem Wert von 1 bis 10 Euro. Der Gesamtwert dieser 10 Spielkarten beträgt jeweils 55 Euro. Zu Beginn mischen beide Spieler ihre 10 Karten und legen sie verdeckt vor sich hin.

Im Verlauf des Spiels decken die Spieler von ihren Spielkarten gleichzeitig jeweils eine Spielkarte auf. Wer die Spielkarte mit dem höheren Wert aufgedeckt hat, darf beide aufgedeckten Spielkarten als endgültigen Besitz neben sich ablegen.

Decken beide Spieler eine Spielkarte mit demselben Wert auf, müssen die Spieler ihre jeweilige Spielkarte wieder zurücknehmen, alle ihre noch im Spiel befindlichen Karten erneut mischen und wieder verdeckt hinlegen.

Gespielt wird so lange, bis alle Spielkarten in endgültigen Besitz übergegangen sind.

Spielsieg: Spielgewinner ist, wer auf den in seinen Besitz genommenen Spielkarten den höheren Gesamtwert aufweist.

Tipp: Die Spielkarten (siehe nächste Seite) vor dem Ausschneiden auf ein dickeres Blatt/Karton kopieren und/oder laminieren.

KOHL VERLAG Einfach Wirtschaft
Elementares Wissen in einfacher Sprache leicht erklärt (Band 13) – Bestell-Nr. 12 952

Gewinn oder Verlust? – ein Spiel

10 Spielkarten für den Spieler A

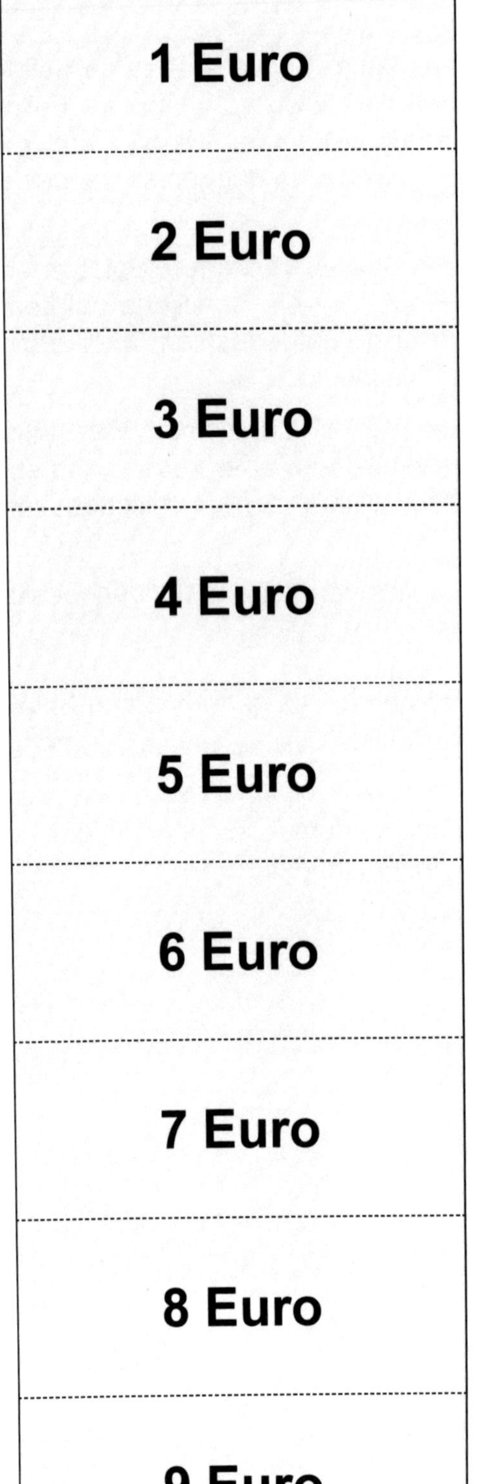

10 Spielkarten für den Spieler B

1 Euro
2 Euro
3 Euro
4 Euro
5 Euro
6 Euro
7 Euro
8 Euro
9 Euro
10 Euro

Einfach Wirtschaft
Elementares Wissen in einfacher Sprache leicht erklärt (Band 13) – Bestell-Nr. 12 952
KOHL VERLAG

Lösungen

1 **Wirtschaft – worum geht es?**

Aufgabe: Individuelle Lösungen

2 **Waren und Dienstleistungen**

Aufgaben 1-2:

Waren (= materielle Güter)	Dienstleistungen (= nicht materielle Güter)
Bettzeug	Altenpflege
Computer	Fahrradreparatur
Fahrrad	Gebäudereinigung
Kartoffeln	Haarschnitt
Maschine	Krankentransport
Motorboot	Müllabfuhr
Schuhe	Schulunterricht
Seife	Steuerberatung

Individuelle Lösungen	Individuelle Lösungen

3 **Wirtschaftsbereiche**

Aufgabe 1: Individuelle Lösungen

Aufgabe 2:
- **a)** Rechtsanwälte? im 3. Wirtschaftssektor
- **b)** Viehzüchter? im 1. Wirtschaftssektor
- **c)** Werkzeugmechaniker? im 2. Wirtschaftssektor

4 **Taschengeld**

Aufgabe: Individuelle Lösungen

zu f) Du lernst, dir dein Taschengeld einzuteilen. Wenn du dir z. B. etwas Teures leisten willst, musst du entweder vorher sparen oder hinterher bis zur nächsten Zahlung von Taschengeld warten. Du kommst auch dazu, dich zu fragen, ob dir die gewünschte Sache das Geld wert ist, was sie kostet. Insgesamt erwirbst du dir mit der Zeit immer mehr Verantwortung für dein eigenes Wirtschaften.

5 **Wirtschaften in der Familie**

Aufgaben 1-3: Individuelle Lösungen

6 **Geld – 10 Fragen und 10 Antworten**

Aufgabe:
- **a)** Die Menschen tauschten untereinander Waren gegen Waren.
- **b)** Zu lesen ist: Geld als Münzen (bestehend aus Metall) wurde im 7. Jahrhundert v. Chr. in Vorderasien erfunden.
- **c)** Mit Geld lassen sich in der Wirtschaft Waren und Dienstleistungen erwerben.
- **d)** Geld ist ein übliches Zahlungsmittel, Tauschmittel und Mittel zur Aufbewahrung von Werten.
- **e)** Es gibt Bargeld und auch Buchgeld.
- **f)** Das Bargeld existiert als Banknoten (= Geldscheine) sowie als Münzen (= Geldmünzen).
- **g)** So nennt man Geld, das bei Banken, Sparkassen … als Wert niedergeschrieben ist.
- **h)** Bargeld kann in Buchgeld gewechselt werden und Buchgeld in Bargeld.
- **i)** Manche Menschen (= Reiche) besitzen sehr viel Geld, zahlreiche andere Menschen (= Arme) sehr wenig Geld.
- **j)** Geld regiert die Welt!

7 **Währungen**

Aufgabe: Individuelle Lösungen

8 **Märkte**

Aufgabe: Individuelle Lösungen

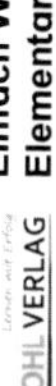

Lösungen

9 **Preise**

Aufgabe 1: **a)** steigt; **b)** sinkt; **c)** sinkt; **d)** steigt

Aufgabe 2: **a)** senken; **b)** erhöhen

10 **Wertverluste und Wertsteigerungen des Geldes**

Aufgabe 1: Richtig sind: **b) c) f) g) h)**

Aufgabe 2:
zu **a)** Der Wert von Geld verändert sich gewöhnlich.
zu **d)** Eine langsam verlaufende Inflation nennt man auch „schleichende Inflation".
zu **e)** Die Käufer spüren eine langsam verlaufende Inflation meistens kaum.
zu **i)** Bei einer Deflation sinken die Preise vieler Dinge für eine längere Zeit.
zu **j)** Eine Deflation findet – verglichen mit einer Inflation – selten statt.

11 **Zinsen**

Aufgabe 1:

a) Das können Kunden bei den Banken/Sparkassen: Ihnen Geld leihen (= einzahlen) und Geld geliehen bekommen.
b) Wer einer Bank/Sparkasse Geld leiht, bekommt dafür: Zinsen
c) Wer bei einer Bank Geld leiht, muss dafür: Zinsen bezahlen
d) Das Wort Zinsen stammt aus der: Sprache Latein
e) Das sind Zinsen: eine Vergütung (= Belohnung) für verliehenes Geld
f) Die Zinsen hängen ab von: Kapital, Zinssatz und Zeitdauer
g) Dafür stehen die Abkürzungen Z, K, p und J:
Z = Zinsen, K = Kapital, p = Zinssatz, J = Anzahl der Jahre
h) Die Jahres-Zinsformel heißt: $Z = \frac{K \cdot p \cdot J}{100}$
i) Die Abkürzungen M und T bedeuten: M = Anzahl der Monate, T = Anzahl der Tage
j) Die Monats-Zinsformel lautet: $Z = \frac{K \cdot p \cdot M}{100 \cdot 12}$
k) Die Tages-Zinsformel ist: $Z = \frac{K \cdot p \cdot T}{100 \cdot 360}$
l) In Deutschland hat in der Zinsrechnung jeder Monat: 30 Tage
m) In Deutschland hat in der Zinsrechnung jedes Jahr: 360 Tage
n) Für den, der sich Geld bei einer Bank leiht, ist der Zinssatz höher als für den: der einer Bank Geld leiht

Aufgabe 2:
a) $Z = \frac{K \cdot p \cdot J}{100}$ $Z = \frac{5000 \cdot 1{,}5 \cdot 1}{100}$ $Z = 75$ Du erhältst 75 Euro Zinsen.
b) 5000 + 75 = 5075 Nach 1 Jahr bekommst du von der Bank insgesamt 5075 Euro.

Aufgabe 3:
a) $Z = \frac{K \cdot p \cdot J}{100}$ $Z = \frac{8000 \cdot 7{,}5 \cdot 1}{100}$ $Z = 600$ Du musst 600 Euro Zinsen zahlen.
b) 8000 + 600 = 8600 Nach 1 Jahr musst du der Bank insgesamt 8600 Euro zahlen.

Aufgabe 4: Individuelle Lösungen

12 **Leitzins**

Aufgabe: Individuelle Lösungen

13 **Guthaben und Schulden**

Aufgabe:

1	In der Geldwirtschaft stehen Guthaben und Schulden zueinander im Gegensatz.
2	Guthaben ist das Gegenteil von Schulden und umgekehrt.
3	Ein positiver Kontostand (= Guthaben) bei einer Bank oder Sparkasse heißt auch Haben.
4	Einen negativen Kontostand (= Schulden) bei einer Bank oder Sparkasse nennt man Soll.
5	Die einen Kunden haben bei Geldinstituten Guthaben, andere Kunden haben Schulden.
6	Etliche Heranwachsende im Alter ab 18 Jahren machen Schulden.
7	Das heißt mit anderen Worten, diese Heranwachsenden haben Verpflichtungen zur Zahlung von Geld.
8	Manchen gelingt es, die Schulden zu bezahlen, anderen aber nicht.
9	Wer hohe Schulden hat, sollte sich an eine Schuldnerberatungsstelle wenden.
10	Schulden haben nicht nur Privatpersonen, sondern auch Unternehmen und Staaten (= Länder).

Einfach Wirtschaft
Elementares Wissen in einfacher Sprache leicht erklärt (Band 13) – Bestell-Nr. 12 952
KOHL VERLAG

Lösungen

14 **Girokonto**

Aufgabe 1:

a) zur Einzahlung von Geld, zur Abhebung von Geld, zur Bezahlung per Karte, zur Überweisung von Geld, zur Einreichung von Lastschriften
b) Zahlungskonto
c) Gebühren
d) Der Kontostand auf dem Girokonto sollte nicht in das Minus geraten.

Aufgabe 2:

Alter Kontostand €	Buchungen €	Neuer Kontostand €
531,15	– 63,48	467,67
467,67	– 130,62	337,05
337,05	+ 793,71	1130,76
1130,76	– 30,59	1100,17
1100,17	– 215,14	885,03
885,03	+ 250,00	1135,03
1135,03	– 499,99	635,04
635,04	– 52,10	582,94
582,94	– 70,92	512,02
512,02	+ 793,71	1305,73

15 **Alles über Aktien**

Aufgabe 1:

a)	**Aktien**	= Wertpapiere, mit denen Anteile an Unternehmen erworben werden;
b)	**Börsen**	= Gebäude, in denen mit Aktien gehandelt wird;
c)	**Aktionäre**	= Besitzer von Aktien;
d)	**Kurse**	= Werte (Preise) der Aktien;
e)	**Depots**	= (digitale) Aufbewahrungsorte für Aktien und andere Wertpapiere;
f)	**Dividenden**	= Anteile der Unternehmensgewinne, die die Aktionäre bekommen;
g)	**Aktienindex**	= Anzeiger der Entwicklung bedeutender Aktien (z. B. DAX);
h)	**Broker**	= Börsenmakler (= Börsenhändler);
i)	**Bär**	= Tiersymbol für anhaltend fallende Kurse;
j)	**Bulle**	= Tiersymbol für anhaltend steigende Kurse

Aufgabe 2: Individuelle Lösungen

16 **Unternehmen**

Aufgabe: **a)** versteht; **b)** verdienen; **c)** gibt; **d)** heißen; **e)** bestehen; **f)** meint; **g)** gebraucht; **h)** stimmt; **i)** gilt; **j)** bezeichnet

17 **Ich als Unternehmer**

Aufgabe: Individuelle Lösungen

18 **Gewinn und Verlust**

Aufgabe 1: **a)** Niederlage; **b)** Begriffe; **c)** Gewinn; **d)** Kosten; **e)** Einnahmen; **f)** Ausgaben; **g)** Umsatz; **h)** Verlust

Aufgabe 2: **a)** Gewinn = 30 000 Euro; **b)** Verlust = 7500 Euro

19 **Einkommen**

Aufgabe: **a)** heißt; **b)** bezeichnet; **c)** nennt; **d)** unterscheiden; **e)** ist; **f)** gilt; **g)** abgezogen; **h)** gebraucht; **i)** gibt; **j)** zählen

Einfach Wirtschaft
Elementares Wissen in einfacher Sprache leicht erklärt (Band 13) – Bestell-Nr. 12 952
KOHL VERLAG

Lösungen

20 **Steuern (I)**

Aufgabe:

a) Sie müssen Steuern bezahlen: einzelne Bürger und Unternehmen
b) In Deutschland geht das Steuergeld an: den Staat („Bund"), Bundesländer und Gemeinden
c) Zuständig für die Einnahme von Steuern sind insbesondere: die Finanzämter
d) Etwa so viele Arten von Steuern kommen in Deutschland vor: ungefähr 40 verschiedene Arten
e) Die Steuern lassen sich unterteilen in diese beiden Bereiche: direkte Steuern und indirekte Steuern
f) Zu den direkten Steuern gehören u. a.: die Einkommensteuer, die Grundsteuer, die Kraftfahrzeugsteuer, die Erbschaftssteuer
g) Diese sind z. B. indirekte Steuern: die Mehrwertsteuer, die Mineralölsteuer, die Tabaksteuer, die Kaffeesteuer
h) Die Mehrwertsteuer nennt man auch: Umsatzsteuer
i) Darin sind indirekte Steuern schon enthalten: im Preis, den die Käufer bezahlen
j) Dadurch nimmt die Bundesrepublik Deutschland das meiste Geld ein: durch Steuern

21 **Steuern (II)**

Aufgabe: Individuelle Lösungen

22 **Versicherungen**

Aufgabe: **a)** Durch; **b)** In; **c)** Wer; **d)** Zu; **e)** Unterscheiden; **f)** Die; **g)** Autobesitzer; **h)** Es; **i)** Sinnvoll; **j)** Sehr

23 **Was ist was? (I)**

Aufgabe: **a)** Waren; **b)** Dienstleistungen; **c)** Kapital; **d)** Bargeld; **e)** Währung; **f)** Markt; **g)** Inflation; **h)** Deflation; **i)** Zinsen; **j)** Aktien; **k)** Unternehmen; **l)** Firma; **m)** Konzern; **n)** Umsatz; **o)** Steuern; **p)** Versicherungen

24 **Test I: Richtig oder falsch?**

Aufgabe:

a) Richtig sind: 1. 4. 5. 6. 9. 12. 14. 15. 18. 20.

g)
2. Herstellen von Möbeln ist keine Dienstleistung.
3. Die Landwirtschaft gehört zum 1. Wirtschaftssektor.
7. Angebot von und Nachfrage nach Waren hängen voneinander ab.
8. Bei einem großen Angebot sinkt der Preis der Ware.
10. Wenn die Preise von Waren steigen, verliert des Geld an Wert.
11. Die Höhe der Zinsen ist abhängig von der Höhe des Kapitals, vom Zinssatz sowie von der Laufzeit.
13. Ein negativer Kontostand bei einer Bank bzw. Sparkasse wird auch bezeichnet als Soll.
16. Mit dem Begriff Umsatz ist die Höhe der finanziellen Einnahmen durch Verkäufe gemeint.
17. Unternehmen mit bis zu 9 Beschäftigten gelten als kleine Unternehmen.
19. Die Mehrwertsteuer zählt zu den indirekten Steuern.

25 **Zwei Wirtschaftsordnungen im Gegensatz zueinander**

Aufgabe:

Planwirtschaft	Freie Marktwirtschaft
Vorgabe von Jahresplänen	keine Vorgabe von Jahresplänen
überwiegend staatlicher Besitz	überwiegend Privatbesitz
starke Lenkung der Wirtschaft durch den Staat	keine Lenkung der Wirtschaft durch den Staat
staatliche Festlegung der Preise	Angebot und Nachfrage bestimmen die Preise
kleineres Angebot an Waren und Dienstleistungen	größeres Angebot an Waren und Dienstleistungen
Lebensstandard der Menschen niedriger	Lebensstandard der Menschen höher
geringere soziale Unterschiede in der Bevölkerung	größere soziale Unterschiede in der Bevölkerung

KOHL VERLAG Einfach Wirtschaft Elementares Wissen in einfacher Sprache leicht erklärt (Band 13) – Bestell-Nr. 12 952

Lösungen

26 **Soziale Marktwirtschaft**

Aufgabe 1: Individuelle Lösungen

Aufgabe 2:
- Bürgergeld, Wohngeld, medizinische Versorgung für bedürftige Menschen;
- zeitweise Arbeitslosengeld für Arbeitslose;
- Zahlung von weniger Steuern durch Menschen, die weniger verdienen;
- für Arbeitgeber Verpflichtung zur Zahlung eines Mindestlohns;
- für Unternehmer Verbot von Preisabsprachen;
- für Verbraucher Umtauschrecht von Waren;
- Gesetze zum Schutz der Arbeitnehmer …

Aufgabe 3: Individuelle Lösungen

27 **Gesamtwirtschaftliche Entwicklung**

Aufgabe: Individuelle Lösungen

28 **Arbeit**

Aufgabe:

a) 9...4...7...1...5...2...10...8...6...12...11...3

b)
1 In der Wirtschaft ist mit Arbeit in erster Linie die Tätigkeit für Geld gemeint.
2 Diese Arbeit wird auch als Erwerbstätigkeit bezeichnet.
3 Arbeit ist erforderlich zur Gewinnung und Verarbeitung von Bodenschätzen sowie Rohstoffen, zur Herstellung von Waren, zum Vollbringen von Dienstleistungen …
4 Gesprochen wird von körperlicher Arbeit und geistiger Arbeit.
5 Die Grenze zwischen körperlicher Arbeit und geistiger Arbeit ist jedoch fließend.
6 Es gibt Arbeitgeber sowie Arbeitnehmer.
7 Arbeitgeber beschäftigen Arbeitnehmer und bezahlen sie.
8 Anders gesagt, Arbeitnehmer erhalten vom Arbeitgeber für ihre Arbeit Geld.
9 Ungelernte Arbeitnehmer verdienen weniger Geld als gelernte Arbeitnehmer.
10 Der Bedarf an ungelernten Arbeitskräften wird zunehmend geringer.
11 Qualifizierte Arbeitskräfte finden eher einen Arbeitsplatz.
12 Unter Arbeitsproduktivität versteht man die geleistete Arbeit innerhalb einer bestimmten Zeit.

29 **Arbeitslosigkeit**

Aufgabe 1:

a) Für sie ergeben sich durch Arbeitslosigkeit in der Bevölkerung Probleme: für die Wirtschaft, den Staat und die Arbeitslosen

b) Bei zunehmender Arbeitslosigkeit geht zurück: die Nachfrage nach Waren und Dienstleistungen

c) So reagieren Unternehmen auf weniger Nachfrage nach Waren und Dienstleistungen: mit der Verringerung der Produktion von Waren und der Entlassung von Arbeitskräften

d) Darum ist der Staat normalerweise bemüht: um möglichst geringe Arbeitslosigkeit in der Bevölkerung

e) Arbeitslosigkeit ist ein großes Problem in solchen Zeiten: in wirtschaftlichen Krisenzeiten

f) Dazu führt Arbeitslosigkeit bei Arbeitslosen: zu Unzufriedenheit, Resignation, Unruhe …

g) Insbesondere von Arbeitslosigkeit betroffen sind diese Arbeitslosen: Langzeitarbeitslose, Arbeitslose ohne Ausbildung

h) Manche Arbeitslose haben kein: Interesse, einen Arbeitsplatz zu bekommen

i) Damit ist die Bundesagentur für Arbeit u. a. beauftragt: Arbeitslose zu beraten und ihnen jeweils möglichst einen Arbeitsplatz zu vermitteln

Aufgabe 2: Individuelle Lösungen

30 **Produkt, Produktion, Produzent, Produktionsfaktoren, Produktivität, Arbeitsproduktivität**

Aufgabe: **a)** Latein; **b)** eine hergestellte Ware; **c)** die Herstellung einer Ware; **d)** den Produzenten; **e)** wesentliche Dinge, die zur Herstellung von Waren notwendig sind; **f)** die 3 klassischen Produktionsfaktoren; **g)** die Leistung, mit der die Herstellung von Waren geschieht; **h)** der erbrachten Leistung bezogen auf die Größe der eingesetzten Produktionsfaktoren; **i)** die Arbeitsproduktivität; **j)** Dienstleistungen

Lösungen

31 **Arbeitsteilung**

Aufgabe 1: **a)** Ab; **b)** Mit; **c)** Der; **d)** Dabei; **e)** Zur; **f)** Diese; **g)** Ein; **h)** Für; **i)** In; **j)** Im; **k)** Bei; **l)** Nicht

Aufgabe 2: Lösungsbeispiele:

Vorteile der Arbeitsteilung	Nachteile der Arbeitsteilung
• Steigerung der Produktionsmenge; • bessere Qualität der Produkte; • schnellere Herstellung von Produkten; • Senkung der Kosten	• eintönige, nicht abwechslungsreiche Arbeit; • Arbeitskräfte weniger flexibel; • Berufswechsel schwieriger; • Abhängigkeit von anderen Arbeitsbereichen und Zulieferbetrieben

32 **Energiewirtschaft**

Aufgaben 1-2: Individuelle Lösungen

33 **Die Erde, die Bedürfnisse und die Gier der Menschen**

Aufgaben 1-2: Individuelle Lösungen

34 **Handel**

Aufgabe 1: Individuelle Lösungen

Aufgabe 2:
a) als Kaufleute;
b) der Einkauf, die Lagerung und der Verkauf von hauptsächlich Waren;
c) der (früher praktizierte) Tausch von Waren gegen Waren;
d) vom Produzenten oder vom Großhändler;
e) der Einkauf von Waren beim Produzenten und der Verkauf von Waren an den Einzelhandel;
f) an die Verbraucher;
g) mit Wertpapieren und mit Immobilien;
h) unbeweglicher Grundbesitz wie Häuser und Grundstücke;
i) der Handel innerhalb von Ländern (= Staaten);
j) zwischen verschiedenen Ländern

35 **Welche Waren kommen aus welchen Ländern?**

Aufgabe: Individuelle Lösungen

36 **Binnenwirtschaft und Außenwirtschaft**

Aufgabe: Individuelle Lösungen

37 **Freihandel und Zölle**

Aufgabe:
a) Unter dem Begriff Freihandel wird Handel zwischen Ländern ohne Einschränkungen und ohne finanzielle Belastungen wie Zölle verstanden.
b) Die Welthandelsorganisation WTO setzt sich besonders für den Freihandel ein.
c) Freihandelszonen werden von manchen Staaten gebildet. Innerhalb einer Freihandelszone bestehen zwischen den jeweiligen Staaten gewöhnlich keine Zölle.
d) Als Zölle bezeichnet man finanzielle Abgaben für Waren und Dienstleistungen an Zollgrenzen.
e) Unterscheiden lassen sich Einfuhrzölle, Ausfuhrzölle sowie Durchfuhrzölle.
f) Zölle sollen beitragen zum Schutz der einheimischen Wirtschaft vor ausländischer Konkurrenz.

38 **Internationale wirtschaftliche Verflechtung (I)**

Aufgaben 1-3: Individuelle Lösungen

39 **Internationale wirtschaftliche Verflechtung (II)**

Aufgabe: Individuelle Lösungen

40 **Zwei Wirtschaftsmodelle**

Aufgabe:
a) Das herkömmliche lineare Wirtschaftsmodell endet mit der Entsorgung von verbrauchten Produkten (= Waren). Entsorgung bedeutet: Die verbrauchten Produkte werden als Müll beseitigt. Dagegen sieht das kreisförmige Wirtschaftsmodell vor: Defekte Produkte werden nicht sogleich als Abfall beseitigt, sondern repariert. Rohstoffe verbrauchter Produkte werden wiederaufbereitet, erneut verwertet für die Herstellung neuer Produkte. Nur das, was sich nicht erneut verwenden lässt, wird als Abfall beseitigt.
b) Individuelle Lösungen

Einfach Wirtschaft
Elementares Wissen in einfacher Sprache leicht erklärt (Band 13) – Bestell-Nr. 12 952
KOHL VERLAG

Lösungen

41 **Konsum**

Aufgabe 1:

a) Das Fremdwort Konsum stammt aus der lateinischen Sprache.
b) Die deutsche Übersetzung des Fremdwortes Konsum lautet Verbrauch.
c) Gemeint ist damit, Dinge zu verbrauchen oder sie zu nutzen wie z. B. Lebensmittel, Kleidung, Autos …
d) Für die Wirtschaft ist Konsum ganz wichtig. Durch den Konsum erzielt die Wirtschaft finanzielle Gewinne.
e) Heute leben wir in einer sogenannten Konsumgesellschaft.
f) Sehr viele Menschen streben nach immer mehr Konsum.
g) Menschen sind in Abhängigkeit vom Konsum geraten.
h) Menschen möchten sich durch Konsum aufwerten, prahlen und meinen, damit besser angesehen zu werden.
i) Die Menschen benötigen im Grunde nicht so viel Konsum.
j) Auf der Erde sind nicht mehr so große Mengen an Bodenschätzen und Rohstoffen vorhanden. Übermäßiger Konsum schädigt und zerstört Natur und Umwelt.

42 **Zu Hause in der Wohnung**

Aufgabe: Individuelle Lösungen

43 **Bedürfnisse**

Aufgaben 1-2: Individuelle Lösungen

44 **Betrachtung einer Werbung**

Aufgabe: Individuelle Lösungen

45 **Werbung**

Aufgaben 1-3: Individuelle Lösungen

46 **Wirtschaftswachstum?**

Aufgabe: Individuelle Lösungen

47 **Mein zukünftiges Leben**

Aufgabe: Individuelle Lösungen

48 **Wie möchtest du zukünftig dein Leben führen?**

Aufgabe: Individuelle Lösungen

49 **Was ist was? (II)**

Aufgabe: **a)** Soziale Marktwirtschaft; **b)** Kapitalismus; **c)** Boom; **d)** Expansion; **e)** Depression; **f)** Rezession; **g)** Arbeitgeber; **h)** Arbeitnehmer; **i)** Arbeitsproduktivität; **j)** Bundesagentur für Arbeit; **k)** Handelsbilanz; **l)** Zölle; **m)** Globalisierung; **n)** Konsum; **o)** Werbung; **p)** Bruttoinlandsprodukt

50 **Gegenteile gesucht**

Aufgabe:

Die Gegenteile stehen jeweils nebeneinander:	
Bargeld	Buchgeld
Guthaben	Schulden
Angebot	Nachfrage
Inflation	Deflation
Gewinn	Verlust
Bruttoverdienst	Nettoverdienst
Freie Marktwirtschaft	Planwirtschaft (= Zentralverwaltungswirtschaft)
Boom	Depression
Expansion	Rezession
Binnenwirtschaft	Außenwirtschaft
Aktive Handelsbilanz	Passive Handelsbilanz
Freihandel	Zölle

Lösungen

51 **Test II: Richtig oder falsch?**

Aufgabe: **a)** Richtig sind: 3. 6. 7. 10. 11. 13. 14. 15. 16. 20.

b)

1.	In der freien Marktwirtschaft besteht ein größeres Angebot an Waren und Dienstleistungen als in der Planwirtschaft.
2.	Mit der Bezeichnung soziale Marktwirtschaft ist nicht dasselbe gemeint wie mit freier Marktwirtschaft.
4.	In der Bundesrepublik Deutschland sind bei Waren Preisabsprachen zwischen Unternehmen verboten.
5.	In der gesamtwirtschaftlichen Entwicklung werden gewöhnlich 4 Phasen unterschieden.
8.	Körperliche Arbeit wird normalerweise schlechter bezahlt als geistige Arbeit.
9.	Deutschland weist eine positive Handelsbilanz auf.
12.	Die Globalisierung hat weltweit zu mehr Abhängigkeiten zwischen den Staaten geführt.
17.	Durch Werbung lassen sich viele Verbraucher beeinflussen.
18.	Das Wirtschaftswachstum fördert nicht den Wohlstand aller.
19.	Das Bruttoinlandsprodukt gibt bezogen auf 1 Jahr den Geldwert aller in jeweils einem Staat hergestellten Waren und erbrachten Dienstleistungen an.

52 **Was kannst du zum Thema Wirtschaft sagen?**

Aufgabe: Individuelle Lösungen

53 **Zum Thema Wirtschaft möchte ich noch wissen**

Aufgabe: Individuelle Lösungen